Die Kunst,
unserer Sehnsucht zu folgen

1. Auflage 2020
© **Elisabeth Sandmann Verlag GmbH, München**
ISBN 978-3-945543-68-9
Imprimi potest
Alle Rechte vorbehalten

Lektorat: Verena von Plüskow
Cover: Pauline Schimmelpenninck, Berlin
Satz: Anja Fuchs, Nürnberg
Kalligrafien: Misayo Kawashima
Druck & Bindung: Pustet, Regensburg

Besuchen Sie uns im Internet unter:
www.esverlag.de

Michael Bordt SJ

Die Kunst, unserer Sehnsucht zu folgen

Spiritualität in Zeiten des Umbruchs

Mit Kalligrafien von Misayo Kawashima

ELISABETH
SANDMANN

INHALT

VORWORT

Von 2005 bis 2011 war ich Präsident der Hochschule für Philosophie in München – sechs Jahre lang, wie es bei uns Jesuiten üblich gewesen ist. Einer meiner Arbeitsaufträge bestand darin zu prüfen, wie wir als private Hochschule des Jesuitenordens mit unserem Fach, der Philosophie, Geld verdienen könnten, um die Institution mit ihren 550 Studentinnen und Studenten sicher in die Zukunft zu führen. Eine Idee war, den Führungskräften großer Wirtschaftsunternehmen philosophisch-ethische Fortbildungsangebote anzubieten. Nach ernüchternden ersten Jahren, in denen Vorträge und Kurse allenfalls zögerlich nachgefragt wurden, änderte sich die Lage 2008 im Zuge der Finanz- und Wirtschaftskrise. Vor allem im deutschsprachigen Raum waren viele der Meinung, es wäre zu der Krise gekommen, weil sich das Wirtschaften von der Moral entkoppelt habe. Zurück zu Ethik und Werten, hieß es nun in den Konzernzentralen, und die Aufträge mehrten sich. Doch je mehr Vorträge und Workshops ich hielt, desto klarer wurde mir, dass mit Ethik und Moral nicht geholfen war. In manchen Fällen sollten unsere Angebote sich wohl einfach nur gut in den Imagebroschüren machen. Vor allem aber merkte ich, dass die Menschen, für

die ich arbeitete, eigentlich etwas anderes suchten, selbst
wenn sie nicht immer genau sagen konnten, was das war.
    Zwei Jahre nach der Krise wandte sich der Vorstands-
vorsitzende eines Münchner Konzerns dann mit einem
veränderten Anliegen an uns. Die Situation in seinem Unternehmen glich der, die ich so ähnlich später in anderen
Firmen kennenlernte: Die unmittelbaren wirtschaftlichen
Folgen der Krise waren bewältigt, aber der Schreck und
das Gefühl der Machtlosigkeit, das der gerade noch ver-
hinderte wirtschaftliche Zusammenbruch in den Mitarbeiterinnen und Mitarbeitern hinterlassen hatte, wirkten
weiter. Wie kann man es schaffen, so wurden wir gefragt,
auch unter hohem Druck und gefangen in einem Geflecht
aus Sachzwängen souverän und innerlich frei zu bleiben
und das Gespür für das, was das eigene Leben ausmacht,
nicht zu verlieren?
    Das sind die Fragen, vor denen nicht nur Führungs-
kräfte in großen Wirtschaftsunternehmen stehen. Wir
alle haben Zeiten im Leben, in denen wir nicht mehr klar
sehen können. In denen wir uns danach sehnen, wieder
durchatmen zu können, das Gefühl der Getriebenheit ab-
zuschütteln und einen Sinn in unserem Tun zu erkennen.
Das geht einem Konzernvorstand, von dessen Entscheidungen Abertausende Arbeitsplätze abhängen, nicht anders
als einem Elternteil, das sich in den Zeiten der Pandemie
am Rande der Erschöpfung um die Kinder kümmern und
gleichzeitig Homeoffice machen muss – und auch nicht
anders als mir bisweilen. Ich aber weiß, was mir selbst in
solchen Situationen geholfen hat, woraus ich lebe und was
mich trägt, auch durch Zeiten persönlicher Krisen und Um-
brüche: Stille, Meditation, Gebet – kurz: meine Spiritualität.

Zunächst zögerte ich, Übungen, die der Spiritualität des Jesuitenordens entstammen, in den Unternehmenskontext zu übertragen. Würden sich Ingenieure, Maschinenbauer und Juristen, von denen manche überhaupt keinen biografischen Bezug zur Religion hatten oder aber einer anderen Religion angehörten als ich, überhaupt darauf einlassen?

Doch der Kurs für die Führungsmannschaft des Unternehmens lief überraschend gut. Vor allem die Meditation, selbst wenn sie zunächst anstrengend für die Teilnehmer war, empfanden viele als eine echte Hilfe, in einen Abstand zu ihrem oft überdrehten Alltag zu kommen. Und was mich am meisten überraschte: Ob die Teilnehmerinnen und Teilnehmer religiös waren oder nicht, hat keine Rolle gespielt.

Nachdem wir dann 2011 das Institut für Philosophie und Leadership gegründet hatten und ich mir einen Überblick über die Forschung zu den Themen Spiritualität und Meditation verschaffen konnte, wurde mir klar: Spiritualität, auch außerhalb institutionell verfasster Religionen, erlebt einen enormen Aufschwung. Sie ist inzwischen gesellschaftsfähig geworden und auf dem besten Wege, im Mainstream anzukommen. In Umfragen gibt ein Drittel der deutschen Bevölkerung an, mindestens einmal pro Woche zu meditieren oder vergleichbare Übungen zu machen. Die Google-Suche nach dem Stichwort »Yoga« schnellt seit 2008 in die Höhe. Selbst die Wissenschaft hat sich der Meditation angenommen, und die Zahl der Publikationen zu ihren Wirkungen steigt seit der Jahrtausendwende sprunghaft an. Wer von sich heutzutage sagt, dass ihm Spiritualität wichtig ist, wird nicht mehr

als Spinner oder Esoteriktante abgetan, auch wenn er oder
sie diese nicht innerhalb einer der etablierten Kirchen
sucht. Im Gegenteil: Mit dem Thema macht man sich heute
eher interessant.

Ein gegenläufiger Trend ist die Abkehr von den institutionell verfassten Religionen. Spiritualität, die ursprünglich in den Religionen beheimatet war, hat sich
von ihnen emanzipiert. Yogakurse, in denen die Übungen
nicht mehr als Teil einer religiösen Praxis verstanden
werden, Meditationsapps, die uns in Achtsamkeit schulen
möchten, aber dabei ganz vom buddhistischen Kontext
absehen, Lehrstühle an Universitäten, in denen angehen-
de Ärzte und Pflegerinnen in ›spiritual care‹ ausgebildet
werden, zeigen: Spiritualität ist vielen Menschen wichtig,
aber unabhängig von ihrer religiösen Einbettung.

Die Gründe für die Hinwendung zur Spiritualität
mögen sehr vielfältig sein. Ein Grund ist der rasante ge-
sellschaftliche Umbruch. Die zunehmende Globalisie-
rung und Digitalisierung, Migration und Klimawandel
verändern unsere gesamte Lebenswelt. Rasch müssen
neue Antworten auf neue Herausforderungen gefunden
werden, und so wächst bei vielen Menschen der Wunsch
nach einem inneren Halt und einer inneren Stärke, die sie
unabhängiger von den äußeren Veränderungen macht.
Von der Spiritualität verspricht man sich, so ein Funda-
ment zu finden.

Auch das Streben nach Selbstoptimierung und die
Bereitschaft, an sich zu arbeiten, beinhalten oftmals ein
Interesse an Spiritualität. Ebenso der Wunsch, auch im
fortgeschrittenen Alter immer wieder Neues dazuzuler-
nen. Viele erleben, dass eine Karriere mit entsprechen-

dem Gehalt nicht die innere Befriedigung bringt, die sie sich davon erhofft hatten. Andere beobachten, wie die Jahre zwischen Familienarbeit und dem Verdienst des Lebensunterhalts nur so zerrinnen oder aber, dass die abendliche Zerstreuung mit dem Fernseher oder Streamingdienst sich am Ende doch schal anfühlt. Bei wieder anderen ist es ein Schicksalsschlag, der die Frage nach dem Sinn aufbringt. Nicht zuletzt führt der Eindruck vieler Menschen, dass wir so wie bisher nicht weitermachen können, wenn wir unsere Lebensgrundlagen erhalten wollen, zu einer kritischeren Haltung gegenüber einem auf Konsum ausgerichteten Lebensstil. Wir Menschen leben nicht nur, um unseren Nutzen zu optimieren und Spaß zu haben. Es kommt eine Zeit, da wir merken, dass das Leben irgendwie ›mehr‹ bieten muss als konsumieren, arbeiten, zerstreuen, und so wird der Wunsch nach Spiritualität geweckt.

Wenn ich in diesem Buch nun Wege zur Spiritualität aufzeige, Wege zu uns selbst und dazu, unserem Leben gerade auch in Zeiten des Umbruchs mehr Tiefe und Bedeutung zu geben, dann gehe ich dieses Projekt aus einer ganz bestimmten Perspektive an, die in hohem Maße biografisch geprägt ist. Ich meditiere, seitdem ich mit Anfang zwanzig das erste Mal in Taizé, einem ökumenischen Kloster in Burgund, eine Woche lang mit anderen jungen Erwachsenen geschwiegen und das Meditieren gelernt habe. Mit 28 Jahren bin ich in den Jesuitenorden eingetreten, habe zweimal im Leben 30 Tage lang große Exerzitien gemacht, das heißt geschwiegen, meditiert und mit Texten aus der Bibel gebetet. Ich meditiere so gut wie jeden Morgen – nach einem starken Kaffee und ein paar

Yogaübungen – und ziehe mich einmal im Jahr für eine
Woche zu einer intensiven Zeit der Meditation zurück.
Ich habe viele Meditationskurse in unterschiedlichen
Meditations- und Exerzitienhäusern des Jesuitenordens
geleitet. Kurz: Ich komme biografisch, spirituell und auch
intellektuell aus einer ganz bestimmten Tradition innerhalb des Christentums, die meine folgenden Überlegungen
sicherlich in höherem Maße, als es mir selbst bewusst
ist, beeinflusst hat. Dass ich in diesem Buch allerdings
vor allem als Philosoph Wege zur Spiritualität aufzeigen
möchte, bewahrt die Überlegungen, so hoffe ich doch, vor
allzu großer Einseitigkeit. Bedeutende Philosophen der
griechischen Antike wie Platon und Plotin haben mein
Verständnis von Spiritualität ebenso mitgeprägt wie der
amerikanische Philosoph und Gründungsvater der moder-
nen Psychologie William James, der ein großes Werk über
die Vielfalt religiöser Erfahrungen geschrieben hat, und
Ludwig Wittgenstein, dessen Überlegungen zur Religion
und Spiritualität von einer existenziellen Tiefe sind, die ich
so bei keinem anderen Philosophen gefunden habe. Platons
Überlegungen zum Thema werden uns in den kommenden
Kapiteln auch immer wieder ganz ausdrücklich begegnen.
   Vor allem aber speist sich dieses Buch aus den Erfahrungen, die ich in den schon angesprochenen Kursen für
Unternehmen wie BMW, aber auch für junge Gründerin-
nen, Startup-ler oder Söhne und Töchter von Familienunternehmen gemacht habe. In allen Kursen und Retreats,
auch in der persönlichen Begleitung von Führungskräften,
sind nicht religiöse Inhalte, wohl aber Spiritualität und
Meditation ein zentrales, wenn nicht sogar das zentrale
Element. Daher geht es mir darum, Wege zur Spiritualität

aufzuzeigen, die auch unabhängig von einer bestimmten Religion vermittelbar sind, und, das ist meine Überzeugung, Menschen zu einer neuen Klarheit, Freiheit, Selbstbestimmung und Tiefe ihres eigenen Lebens führen können. Davon also handelt dieses Buch.

Sehnsucht

KAPITEL 1

Sehnsucht

lles beginnt mit der Sehnsucht« heißt ein Ge-
dicht der Nobelpreisträgerin Nelly Sachs, und
ganz sicher gilt dieser Satz für unsere Suche
nach Spiritualität, nach Tiefe und Authentizität. Wenn
Sie, verehrte Leserin und verehrter Leser, sich mit diesem
Buch auf den Weg zu ihren eigenen spirituellen Quellen
begeben möchten, wenn Sie ihre eigene Spiritualität vertiefen möchten, dann ist die Sehnsucht dafür tatsächlich
der beste Ausgangspunkt.

Aber nicht nur das. Die Sehnsucht wird uns auch
eine verlässliche Führerin zum Ziel unserer Suche sein,
was auch immer wir uns von einem spirituellen Leben
erhoffen. Wer bei seiner Suche nach einer authentischen
Spiritualität nicht bei der Sehnsucht ansetzt und sich von
ihr leiten lässt, der gerät in Gefahr, auf halbem Wege ste-
ckenzubleiben und das Ziel zu verfehlen. Er mag dann
zwar bestimmte spirituelle Übungen machen oder einen
spirituellen Lebensstil pflegen. Vielleicht besucht er einen
Tai-Chi-Kurs, er mag auch meditieren, besonders achtsam

morgens sein Müsli essen, mit einer Salzkristalllampe eine
spezielle Atmosphäre im Wohnzimmer erzeugen oder sich
an der Buddhastatue im eigenen Garten erfreuen, aber all
das bleibt nur äußere Praxis. Die tut uns gut, streift aber
nur die Oberfläche und befreit uns nicht. Sie verändert
unser Erleben nicht in der Tiefe. Spiritualität bleibt dann
eine Mode, die man wechselt, wenn eine neue angesagt ist.
Aber wie immer wir uns kleiden mögen: Kleidung bleibt
stets oberflächlich. Sie dringt nie zum Kern unserer Persönlichkeit vor, auch wenn wir uns in unseren Lieblings-
klamotten besonders wohlfühlen.

Spiritualität kann und soll aber etwas anderes leisten,
wenn wir es ernst mit ihr meinen. Was immer Spiritualität sein mag: Menschen, die nach ihr suchen, haben die
Hoffnung, vielleicht auch schon die Ahnung, dass sie sich
selbst, andere Menschen und, ja, die ganze Wirklichkeit
anders erleben können. Dass man dem äußeren Druck,
der Unruhe, dem emotionalen Auf und Ab, dem Alltag mit
seinen mühsamen Routinen und der Unzufriedenheit mit
sich und dem Leben etwas entgegensetzen kann. Dass das
Leben an Tiefe, Sinn und emotionaler Intensität gewinnt
und gleichzeitig leichter wird.

Aber was ist Sehnsucht genau? ›Sehnsucht‹ ist kein
Wort, das wir im Alltag oft verwenden. Wir sagen vielleicht, dass wir sehnsüchtig auf eine Nachricht warten, die
uns Klarheit in einer unsicheren Situation bringt – aber
mit ›sehnsüchtig‹ meinen wir in solchen Fällen eher un-
geduldig und unruhig. Sicher war es nicht diese nervöse
Ungeduld, von der Nelly Sachs sprach.

Ihre und unsere Sehnsucht ist verwandt mit unserem Verlangen, unserem Begehren, unserem Wollen und

unseren Wünschen. Dabei gibt es allerdings einen interessanten Unterschied. Wenn wir etwas wünschen oder wollen, dann wissen wir meistens doch sehr genau, was es ist. Wir können das, was wir wollen, benennen. Bei der Sehnsucht ist das alles nicht so klar. Die Sehnsucht ist oft diffuser, schwerer zu fassen. Wir können eine Sehnsucht haben, ohne klar benennen zu können, auf was sie sich eigentlich richtet. Wir sind dann sehnsüchtig. Manche Autoren, vor allem in der Zeit der Frühromantik, meinten, es sei charakteristisch für die Sehnsucht, dass sie sich nie auf etwas Bestimmtes richtet. Die Sehnsucht, so sagten sie, sei unendlich und unbestimmt.

Ganz zustimmen müssen wir dem nicht. Wir können ja sagen, dass wir Sehnsucht danach haben, zur Ruhe zu kommen, eine Sehnsucht nach Begegnung, vielleicht auch eine Sehnsucht nach erfüllter Sexualität oder einer lebendigen, geborgenen Stille. Aber selbst dann, wenn wir der Sehnsucht eine gewisse Richtung geben können, gibt es einen wichtigen Unterschied zu unserem Begehren und Wünschen: Wenn wir das, was wir begehren oder wünschen, erst einmal bekommen haben, erlischt es, so wie wir nicht mehr hungrig sind, wenn wir ausreichend gegessen haben. Wenn wir aber das Ziel unserer Sehnsucht erreicht haben, dann erlischt sie damit nicht. Das Ziel der Sehnsucht zu erreichen ist wie Öl, das man in die Flammen gießt: Es treibt die Sehnsucht nur noch mehr an. Für einen beglückenden Moment mag sie zur Ruhe kommen, aber nur, um sich danach umso heftiger zu melden.

Wenn wir nach längerer Zeit, in der der Alltag unsere Liebe zu ersticken oder eine innige Freundschaft zu verflachen drohte, endlich einmal wieder ein persönliches,

berührendes und offenes Gespräch führen können, dann
führt diese erfüllende Begegnung nicht dazu, dass unsere
Sehnsucht nach Nähe, Verbundenheit und Verständnis
aufhört. Im Gegenteil: Die Tiefe der Erfahrung gibt der
Sehnsucht neue Nahrung. Die Erfüllung der Sehnsucht ist
der Motor, der sie nur noch stärker antreibt. Wir haben
etwas erlebt, von dem wir denken, dass unsere Freundschaft und Liebe, dass unser Leben eigentlich immer so
sein sollte.

Neben den Unterschieden gibt es aber auch eine wichtige Gemeinsamkeit zwischen der Sehnsucht und unserem
Begehren und Wünschen. Wenn wir etwas begehren oder
wünschen, dann ist das ein Zeichen dafür, dass wir etwas nicht haben oder dass uns etwas fehlt, das wir gerne
hätten. So weit, so trivial. Bei der Sehnsucht ist es ebenso. Auch unsere Sehnsucht macht uns deutlich, dass uns
etwas fehlt.

Kein anderer hat diesen Mangel so plastisch beschrieben wie der griechische Philosoph Platon vor über 2400
Jahren. Mittels einer Erzählung möchte Platon erklären,
warum wir Menschen diesen Mangel haben und oft so
schmerzhaft spüren. Die Erzählung findet sich in Platons
Schrift *Symposion*, zu deutsch: dem *Gastmahl*. Platon lässt
einen der Teilnehmer einer fiktiven Party, den Komödi-
endichter Aristophanes, darüber sprechen, dass wir Menschen in ferner Vorzeit ganz andere Wesen waren, als wir
es heute sind. Wir hatten die Form von großen Rädern und
rollten durch die Welt. Als wir eines Tages beschlossen,
den Olymp, also den Sitz der Götter, zu erobern, fühlten
diese sich ernsthaft bedroht und bekamen es mit der Angst
zu tun. Sie sahen, wie wir Radmenschen immer kräftiger

Schwung holten und ihnen immer näher kamen. Da hatte Zeus eine Idee: Er bat Hephaistos, den Gott der Schmiedekunst, uns Radmenschen mit seinem Schwert in zwei Teile zu schneiden. Und so geschah es: Wir wurden in zwei Hälften geteilt und purzelten hilflos den Olymp hinunter. Das war es dann mit der Revolte gegen die Götter. Durcheinandergeworfen und ohne unsere zweite Hälfte lagen wir nun orientierungslos am Fuße des Berges. Die Moral der Geschichte ist klar: Wir Menschen sind in der Tiefe unseres Wesens verletzt und verwundet und haben nur eine Chance, unsere ursprüngliche Ganzheit wiederherzustellen: Wenn es uns gelingt, die andere Hälfte zu finden, also den Menschen, der unserem Wesen nach zu uns gehört.

Auch wenn Platon die Geschichte durchaus mit einem Augenzwinkern erzählt – das Bild macht sehr anschaulich ein Gefühl deutlich, das auch Ihnen, verehrte Leserin und verehrter Leser, aus Phasen Ihres Lebens vertraut sein mag. Wir sind als Menschen unvollkommen, und zwar nicht nur, weil wir nicht in allem perfekt sind, sondern weil uns etwas Grundsätzliches zu unserem eigenen Glück zu fehlen scheint. Wir haben es nicht in der Hand, ob unser Leben glücken wird oder nicht. Wir können selbst kaum etwas dazu tun, vieles erscheint uns als Schicksal oder Zufall. Wir spüren, dass wir nicht eigentlich die sind, als die wir ursprünglich gedacht waren. Wir sind verwundet worden, und diese Wunde schmerzt uns bis heute.

Platon benutzt die Erzählung im *Symposion* zwar dazu, die Kraft des Gottes Eros, also des sexuellen Verlangens, zu erklären. Sexualität ziele auf die geschlechtliche Vereinigung mit demjenigen anderen Menschen, der ursprünglich

die zu einem gehörige andere Hälfte gewesen sei. Nicht
nur die eindrückliche Schilderung der uns zugefügten
Verletzung und der unruhigen Suche nach etwas, das die
Wunde heilt, sondern auch Platons weitere Überlegungen
im *Symposion* haben dazu geführt, dass die Erzählung
über die Sexualität hinaus immer wieder als eine Erklä-
rung der Sehnsucht gedeutet worden ist. Die Sehnsucht
erwächst aus einer ursprünglichen Verwundung, die uns
immer wieder schmerzt. Das macht auch die Herkunft des
Wortes aus dem Mittelhochdeutschen deutlich: ›Sensuht‹
meint eine Krankheit, die darin besteht, schmerzlich etwas
zu verlangen. Vor allem natürlich Liebe.

Dass wir sehnsüchtig sein können, sagt auch etwas
über uns als Menschen aus. Mit einem etwas unschönen,
technischen Ausdruck haben Philosophen davon gesprochen, dass der Mensch, vor allem im Vergleich mit anderen
Lebewesen, ein Mängelwesen ist. Dieser Mangel hat verschiedene Dimensionen. Eine davon ist biologisch. Wir sind
Mängelwesen, weil wir, wenn wir auf die Welt kommen,
viele Jahre brauchen, bis wir uns selbstständig ernähren
und ein eigenes Leben führen können. Andere Säugetiere
kommen schon mehr oder weniger fertig auf die Welt und
finden sich schnell allein zurecht. Eine andere Dimension
besteht darin, dass unsere Instinkte, anders als bei vielen Tieren, kaum unser Überleben sichern. Der Philosoph
Arnold Gehlen, der auch den Begriff des Mängelwesens
geprägt hat, erklärt damit den Sinn von Institutionen, zum
Beispiel den Sinn einer staatlichen Ordnung. Damit wir
als moderne Menschen in Gemeinschaft leben können,
brauchen wir institutionalisierte Regeln, die uns unsere
Instinkte nicht geben können.

Die Dimension, auf die es uns im Hinblick auf unser Thema ankommt, ist die existenzielle Dimension des Mangels, die Leerstelle in unserer eigenen Identität. Wir wissen nicht wirklich, wer wir sind. Aber es ist nicht so sehr der Mangel an Wissen, der schmerzt: Vor allem *fühlen* wir, dass uns etwas fehlt. Dieser Mangel ist nichts Äußeres, das man schnell und von sich aus beseitigen oder verheilen lassen könnte. Dieser Mangel gehört zu unserem Menschsein, und er ist es, den die Aristophanesrede deutlich machen möchte. So, wie wir sind, sind wir unvollkommen. Wir brauchen etwas, das uns ergänzt, damit wir diejenigen werden können, die wir eigentlich sind. Und danach sehnen wir uns, selbst wenn wir es nicht klar benennen können. Von der Spiritualität, so halten wir vorläufig fest, können wir uns erhoffen, dass sie uns dem Ziel unserer Sehnsucht näherbringt.

KAPITEL 2

Drei Hindernisse

Wenn diese Sehnsucht der Ausgangspunkt für unsere Suche nach Spiritualität ist, dann liegen die Schwierigkeiten auf der Hand: Im Alltag haben wir kein großes Interesse daran, uns als Menschen zu erleben, die einen existenziellen Mangel leiden. Wir müssen ja störungsfrei funktionieren und wollen perfekt *performen*. Bei der Arbeit, im Alltag, aber auch in unseren Beziehungen. Da stört, was uns an unsere Unvollkommenheit erinnert. In einer Leistungsgesellschaft wie der unsrigen wäre es, so könnte man meinen, völlig widersinnig, sich immer wieder die eigene Verletztheit bewusst zu machen.

Zwar ist es gesellschaftlich durchaus erwünscht, an den eigenen Schwächen »zu arbeiten« oder ein »Scheitern als Chance« zu begreifen. Aber auch dies wieder nur um der besseren Leistungsfähigkeit willen. Man lässt nicht zu, dass es *wirklich* schmerzt und wehtut. Man übergeht den Schmerz mit einem neuen Narrativ: Es ist ja gar nicht so schlimm, zu scheitern und seine Schwächen zu zeigen. Und manchmal ist es auch so, dass »Schwäche zulassen«

einfach bedeutet: sich gehen lassen und den anderen weiter auf die Nerven zu gehen, denn die sollen mich ja »so akzeptieren, wie ich bin«.

Wir wollen unsere Verletzung nicht spüren und können unser Leben ja auch aktiv so einrichten, dass wir den Kontakt zu besagtem Mangel verlieren. Dafür zahlen wir allerdings einen hohen Preis. Denn so zu leben bedeutet auch, dass wir die Quelle unserer Sehnsucht nicht mehr wahrnehmen können. Wenn wir die Quelle aber nicht mehr wahrnehmen, dann auch nicht den Strom, der der Quelle entspringt.

Das wahrscheinlich bewährteste Mittel, uns selbst nicht mehr zu spüren, ist es, sich in das Hamsterrad permanenter Aktivität stürzen. »Ich habe ja so viel zu tun!«, stöhnt man dann zwar, aber wenn man einmal ganz ehrlich zu sich selbst ist, dann ist man eigentlich ganz froh, gut beschäftigt zu sein. Denn vage ahnt man, dass es vielleicht die größere Herausforderung wäre, wirklich zur Ruhe zu kommen. Sobald die äußeren Reize wegfallen, beginnen wir, uns selbst sensibler zu spüren. Ich kann es daher sehr gut nachvollziehen, wenn Menschen nicht nur Respekt, sondern regelrecht Angst vor der Stille und dem Alleinsein haben.

Womöglich gefällt es uns nicht, was in der Ruhe hochkommt. Durch die Notwendigkeit der sozialen Distanzierung während der Corona-Krise haben viele Menschen einen Eindruck davon bekommen, wie schwierig es ist, damit gut umzugehen. Auch der Alltagsstress kann zwar gewaltigen Druck auf uns ausüben, aber für viele scheint er immer noch leichter auszuhalten als das, was uns aus der Stille entgegenkommen mag: unser Mangel und unsere

Sehnsucht. Dazu kommt, dass eine Betäubung durch Stress nicht nur gesellschaftlich akzeptiert, sondern sogar hoch angesehen ist: Unter dieser Perspektive taugt ein Leben, das der eigenen glänzenden Karriere in der Wirtschaft dient, genauso gut wie eines als Umweltaktivist. Hauptsache, man hat viel um die Ohren und spürt sich selbst nicht mehr.

Die zweite Schwierigkeit, mit der eigenen Sehnsucht in Kontakt zu kommen, ist in den letzten zehn Jahren größer geworden. Sie hängt mit den derzeitigen gesellschaftlichen Umbrüchen zusammen. Unsere Gesellschaften wandeln sich ja nicht ruhig und beständig. Die Veränderungen vollziehen sich so rasant und so drängend, dass man nicht mehr von Veränderungen, sondern von Umbrüchen sprechen muss. Die Migrations- und Flüchtlingskrise, die Infragestellung der parlamentarischen Demokratien und einer offenen Gesellschaft, der Klimawandel und die Bedingungen von Arbeit und Kommunikation im Zeichen fortschreitender Digitalisierung stellen uns vor Fragen und Aufgaben, angesichts derer ein ruhiges »Weiter so!« keine Option ist, auch wenn manche Ziele und erst recht die Wege dorthin unklar und umstritten sind.

Zeiten des Umbruchs aber sind stets auch Zeiten der gesellschaftlichen Polarisierung. Was dabei noch viel zu wenig bedacht ist, sind die Folgen einer solchen Kultur der Spaltung für das innere Leben von uns Menschen. Polarisierung führt in die Moralisierung. Weil man sich mit den anstehenden komplexen Sachfragen nicht auseinandersetzen möchte oder davon überfordert ist, wählt man einen einfacheren Weg: Man moralisiert und teilt die Welt ein in die Guten und die Schlechten. Die Guten, zu denen man natürlich selbst gehört, haben ein vertieftes Verständnis der Probleme und auch die richtigen Lösungen. Die anderen, die Bösen, halten wahlweise fundamentalistisch an Vergangenheit und Tradition fest oder aber reagieren völlig kopflos und predigen apokalyptische Szenarien, auf deren Grundlage sich nicht diskutieren lässt.

Damit droht sehr viel von dem verloren zu gehen, was für unser inneres Leben so bedeutungsvoll ist: genaue und differenzierte Wahrnehmung, Sensibilität, Empathie, Zuhören und Verstehenwollen. Konjunktur hingegen haben Bewertung und Kategorisierung in richtig oder falsch, gut oder böse. Für Zwischentöne gibt es keinen Platz. Zwar gibt es mittlerweile viele Kommentare und Studien, die die Folgen einer Polarisierung für unsere Gesellschaften diskutieren. Viel zu wenig wird aber wahrgenommen, dass von der permanenten Bewertung und Einordnung in die Kategorien Gut und Schlecht nicht nur andere Menschen und die politischen Diskussionen betroffen sind, sondern auch wir selbst. Wir unterwerfen auch unser eigenes Denken und Fühlen freiwillig dem Diktat von gut und schlecht, richtig und falsch. Das bedeutet, dass ein polarisierter Zeitgeist die sowieso schon unheilvolle Tendenz befördert, uns selbst unter die Knechtschaft fortwährender Bewertung zu stellen. Im gleichen Maße, in dem es uns schwerfällt, anderen Menschen sensibel und empathisch gegenüberzutreten, fällt es uns auch schwer, uns selbst immer feiner und wertfrei wahrzunehmen. Damit aber schneiden wir uns von unserer Sehnsucht ab. Denn unsere Sehnsucht ist nicht richtig oder falsch. Sie entzieht sich der Bewertung und damit jeder Polarität. Wenn wir aber unserer Sehnsucht nicht vertrauen, dann hat das die fatale Folge, dass unsere spirituelle Suche nicht von innen getragen und angetrieben ist. So verkommt Spiritualität bestenfalls zum Lifestyle.

»Jenseits von richtig oder falsch gibt es einen Ort, an dem wir uns begegnen können« heißt eine sehr kluge und wahre Sentenz des islamischen Sufi-Mystikers Rumi, und man könnte den Satz weiter zuspitzen: *Nur* jenseits von richtig oder falsch gibt es einen Ort, an dem wirkliche Begegnung stattfinden kann. Das betrifft nicht nur die Begegnung mit einem anderen Menschen, sondern auch die mit uns selbst.

Es wäre nun allerdings ein Missverständnis zu meinen, dass wir damit auch das, was wir sagen und tun, nicht bewerten sollten. In unserem Inneren mag es Fantasien, Begehren und Wünsche geben, die zerstörerisch für uns selbst und andere wären, setzten wir sie im äußeren Leben um. Die wertfreie Wahrnehmung unseres Innenlebens bedeutet nicht, dass das, was uns dabei begegnet, auch in äußere Handlungen umgesetzt werden kann.

Diese Unterscheidung ist von fundamentaler Bedeutung. Die Gesetzmäßigkeiten für einen gelungenen Umgang mit unserem Innenleben gelten keineswegs für unser äußeres Leben – ebenso wenig wie umgekehrt. In Bezug auf unser Innenleben sollten wir uns jeder Bewertung enthalten. Wir sind so, wie wir sind. In Bezug auf unser äußeres Leben sollten wir uns aber natürlich fragen, ob es richtig oder falsch ist, ob es uns selbst und anderen schaden könnte, was wir gerne sagen oder tun möchten.

Mit dieser Unterscheidung haben wir schon das dritte Hindernis für die Wahrnehmung unserer Sehnsucht aus dem Wege geräumt. Es besteht in der Befürchtung,

dass mein Leben schwieriger wird, wenn ich meine Sehn-
sucht wahrnehme und zulasse. Ich fürchte dies, weil ich
Angst vor einer zerstörerischen Verbindung zwischen der
Wahrnehmung meiner Fantasien und Wünsche und ihrer
Realisierung im äußeren Leben habe.

      In der Tat kennen wir ja viele Spielarten eines solchen
Automatismus: Wir haben Hunger und suchen sofort etwas zu essen. Wir sind unruhig und greifen permanent
zu unserem Smartphone.

      Aber dieser Automatismus ist hier nicht zwingend. Im
Gegenteil: Was wir an inneren Bewegungen, Sehnsüchten und Fantasien in uns wahrnehmen können, verliert
durch die Wahrnehmung ihre potenziell destruktive Dynamik. Mit allem, was wir an uns wahrnehmen, können
wir umgehen lernen, selbst wenn es anstrengend ist. Ganz
offensichtlich ist dieser Zusammenhang für Formen star-
ker Sucht, für Alkoholismus oder sexuelle Fantasien, die
anderen Menschen Schaden zufügen würden, falls sie
denn ausgelebt würden. Der erste Schritt ist immer, sich
selbst die Sucht oder Fantasie einzugestehen, selbst wenn
das schmerzlich sein mag. Ohne diesen Schritt fällt jeder
noch so gut gemeinte Entschluss, sein äußeres Verhalten zu
ändern, schnell in sich zusammen. Was für diese extremen
Beispiele gilt, hat aber für alles, was in uns lebt, Gültig-
keit. Destruktive Gefühle gehören zu uns. Gerade wenn
wir sie missachten, können sie sich Wege nach draußen
bahnen und uns zu Taten oder Worten hinreißen, die uns
später leidtun. Indem wir aber lernen, nicht jedem inneren
Druck nachzugeben, sondern souverän zu entscheiden,
was aus unserem inneren Leben wir auch im äußeren
aufgreifen, gewinnen wir an Freiheit. Umgekehrt gilt: Was

in uns wir nicht bewusst wahrnehmen, das beherrscht und kontrolliert unbewusst unser Reden und Handeln. Es ist ja nicht einfach dadurch verschwunden, dass wir es nicht mehr wahrnehmen. Aus dem Alltag kennen wir alle solche Situationen: Wir können Ärger eine Zeitlang herunterschlucken, aber irgendwann bricht er dann doch aus uns heraus. Und zwar mit einer Wucht, die uns vielleicht selbst im Nachhinein überrascht oder den Falschen trifft.

Eine solche Haltung der Selbstwahrnehmung bleibt ein lebenslanges Abenteuer, aber ich möchte Ihnen, verehrte Leserin und verehrter Leser, die Furcht davor nehmen. Es mag kurze Phasen geben, in denen eine spirituelle Suche, die uns in unser inneres Leben führt, unangenehm ist und wehtut. Sei es, weil wir die Verletzungen, die wir in uns tragen, wieder stärker spüren, oder weil uns deutlich wird, wie wenig unser äußeres Leben unserer Sehnsucht nach Sinn und Bedeutung entgegenkommt. Aber umso großartiger ist es dann, dem inneren Drängen nicht mehr hilflos ausgeliefert zu sein, sondern souverän entscheiden zu können, was wir in unserem äußeren Leben daraus machen – und was eben nicht.

KAPITEL 3

Sehnsucht nach der Sehnsucht

Vielleicht ging Ihnen bei der Lektüre der letzten Seiten ein paar Mal die Frage durch den Kopf, ob der
Ansatz bei der Sehnsucht nicht zu gefühlsbetont
ist. Wenn man eher ein nüchterner, sachlicher Typ ist, dem
adoleszente oder romantische Gefühlsaufwallungen und
erst recht esoterische Anwandlungen fremd sind, kann
Spiritualität dann überhaupt etwas für Sie sein, wenn sie
doch von der Sehnsucht ausgehen muss?

Lassen Sie mich zunächst darauf hinweisen, dass die
Sehnsucht kein Gefühl ist. Denn unsere Gefühle kommen
und gehen. Unser Gefühlsleben ist instabil, es gibt Zeiten,
in denen unser Leben heller und freudiger, und Zeiten, in
denen es anstrengend und schwierig ist. Starke Gefühle
wie Trauer oder Verliebtheit mögen länger anhalten, aber
auch sie begleiten uns nicht ewig. Bei der Sehnsucht ist es
anders: Sie gehört zu uns Menschen. Sie ist Ausdruck eines
existenziellen Mangels, der uns nicht verlässt.

Aber auch wenn unsere Sehnsucht kein Gefühl ist,
kann sie die Quelle von Emotionen sein, von sehr starken

sogar. Aber eben von sehr unterschiedlichen. Von unglaublicher Beglückung über eine tiefe, anhaltende Freude bis hin zu Melancholie und Verzweiflung reicht das mit der Sehnsucht verbundene Gefühlsspektrum. Beglückung in den Momenten, in denen wir spüren, dass sich das, was wir erleben, wie eine Antwort anfühlt. Dass wir angekommen sind, bei einem anderen Menschen oder einer Erfahrung von Sinn und Fraglosigkeit nach einer langen Phase der Suche und des Selbstzweifels. Und Verzweiflung beispielsweise, wenn uns der Mut verlässt und wir den Eindruck haben, unsere Sehnsucht werde nie einen Ort finden, an dem sie sich geborgen und aufgehoben weiß, was bedeutet, dass wir selbst uns niemals geborgen und aufgehoben wissen werden.

Mit der Sehnsucht in Kontakt zu sein, bedeutet also nicht, sich krampfhaft um einen bestimmten emotionalen Zustand zu bemühen und unser Gefühlsleben verändern zu wollen. Im Gegenteil, wir werden noch sehen, dass es gerade ein Zeichen reifer Spiritualität ist, die Gefühle nicht verändern zu wollen und nicht ständig an sich selbst herumzudoktern. Nicht anders sein zu wollen, als man eigentlich ist, und andere Gefühle haben zu wollen als die, die man eben gerade hat. Mit der Sehnsucht in Kontakt zu sein, bedeutet, offen zu bleiben, für sich und andere. Es bedeutet, von der Überzeugung loszukommen, es sei erstrebenswert, auf nichts und niemanden angewiesen zu sein oder man müsse sein Leben jederzeit im Griff haben.

Für das, um was es eigentlich geht, hat im 16. Jahrhundert Ignatius von Loyola, der Gründer des Jesuitenordens, dem ich angehöre, eine griffige Formulierung gefunden. Man müsse gar keine Sehnsucht haben. Eine Sehnsucht nach der Sehnsucht genüge vollkommen, wenn man sich, modern gesprochen, auf einen spirituellen Weg begeben möchte. Die Sehnsucht nach der Sehnsucht wird uns, wenn wir ihr nur konsequent folgen, sicher zum Ziel der Suche bringen. Das bedeutet, dass wir für die Entwicklung einer tiefen Spiritualität keinen dramatischen emotionalen Blick auf unser Leben brauchen. Eine nüchterne, klare Haltung uns selbst gegenüber reicht und ist oft auch viel hilfreicher, weil sie nicht vom Auf und Ab unseres Gefühlslebens begleitet ist. Unter diesem nüchternen Blick zeigt sich, dass wir Menschen existenziell bedürftig sind, dass wir einen Mangel leiden. Und von einer reifen Spiritualität dürfen wir uns eine Antwort auf diese menschliche Grundverfassung erwarten.

KAPITEL 4

Die Samen der Religionen

Interessanterweise belässt es Platon im *Symposion* nicht dabei, Aristophanes die Erzählung von uns Radmenschen vorzutragen. Er erfindet auch ein Gespräch zwischen Aristophanes und seinem Helden Sokrates, in dem Sokrates das Bild kritisiert, das der Erzählung des Komödiendichters zugrunde liegt. Es sei nie ein anderer Mensch, lässt Platon seinen Sokrates sagen, der uns zu dieser Ganzheit verhelfen könne. Die Symbiose mit einem anderen Menschen, so könnte man Platons Kritik psychologisch deuten, führe nicht dazu, dass die ursprüngliche Verletzung aufgehoben werde, dass wir die Trennung von etwas, von dem wir gar nicht genau wissen, was es ist, nicht immer wieder einmal schmerzhaft spüren. Ein anderer Mensch lindert unsere Not, aber hebt unseren existenziellen Mangel nicht auf. Das ist, so denke ich, gut nachvollziehbar. Wir alle werden in unserem Leben schon einmal erfahren haben, wie unglaublich beglückend die Nähe eines anderen Menschen ist, bis hin zu Erfahrungen, denen die Aristophaneserzählung so anschauliche Bilder gibt: dass der andere Mensch von Ewigkeit her für einen bestimmt scheint; dass man sich schon lange gekannt hat, bevor man sich kennengelernt hat; der Wunsch, miteinander zu verschmelzen. Aber wir wissen auch, dass solche Zeiten der Verliebtheit ihr Ende haben und eine reife Liebe aus dem Wechselspiel von Nähe und Distanz lebt. Wir brauchen in unseren Beziehungen die Nähe, um den anderen zu spüren, aber auch den Abstand, damit wir den anderen sehen können.

Platon selbst spricht davon, dass das letzte Ziel unserer Sehnsucht nicht ein anderer Mensch, sondern die Idee des Schönen ist. Aufschlussreich für unser Projekt ist dabei, dass Platon das Phänomen, das Aristophanes beschreibt, nicht bestreitet. Auch Platon denkt: Der Mensch leidet einen existenziellen Mangel. Aber er interpretiert den Mangel ganz anders. Man muss nicht mit den Details von Platons Philosophie bewandert sein, nur so viel: Platon meinte, dass es über der sinnlich erfahrbaren Welt mit Menschen, Tieren, Pflanzen, den Himmelskörpern und dem ganzen sichtbaren Universum noch eine andere, viel wichtigere und bedeutsamere Welt gibt: Die Welt der Ideen – wobei das, was für Platon Ideen sind, so gut wie nichts mit dem gemeinsam hat, was wir unter einer Idee verstehen als etwas, das wir uns ausdenken. Die Ideen, so meinte er, sind die eigentliche Wirklichkeit, die eigentliche Realität, und unsere sichtbare Welt ist nicht mehr als ein bloßes Abbild der Ideen. So, wie es Schatten in unserer Welt nur geben kann, wenn es die Dinge gibt, die Schatten werfen, so gibt es unsere wahrnehmbare Welt nur, weil sie ein schattenähnliches Abbild der Ideen ist.

Für unsere Fragestellung, wie wir das Ziel unserer
Sehnsucht deuten können und welchen Namen, welchen
Begriff wir dafür wählen sollten, ist Platons Vorgehens-
weise hilfreich. Die wenigsten von uns würden ihm zustimmen, dass die Sehnsucht auf die Idee des Schönen
zielt – weil wir nicht glauben, dass es sie gibt, und unsere
Weltbilder für so etwas wie platonische Ideen keinen
Platz lassen. Für unser Projekt ist aber nicht die konkrete
Antwort wichtig, die er auf die Frage nach dem Ziel der
Sehnsucht gibt, sondern die Art, *wie* er diese Frage beant-
wortet. Konkret: Wenn Platon vertritt, dass die Sehnsucht
auf die Idee des Schönen zielt, dann bedeutet das, dass
er die Erfahrung der Sehnsucht in sein eigenes Weltbild,
in seine eigene Weltanschauung integriert. Und weil Platon davon überzeugt ist, dass die Ideen die eigentliche,
tiefere Wirklichkeit hinter allem sind, deutet er dann
auch konsequent die Sehnsucht so, dass sie auf die Idee
des Schönen zielt.

Platons Vorgehensweise macht beispielhaft deutlich,
dass die Sehnsucht offen für verschiedene Deutungen
ist. Diese Offenheit liegt daran, dass das Ziel der Sehnsucht so unklar ist. Es gibt nichts an der Erfahrung der
Sehnsucht selbst, das uns auf eine bestimmte Deutung
festlegt. Ihre Deutung kommt vielmehr aus einem über-
geordneten Kontext, einer philosophischen Theorie, einer
Weltanschauung oder einer Religion. Für den Komödien-
dichter Aristophanes ist klar: Das Ziel der Sehnsucht ist
Verschmelzung und Sex. Platons Sokrates stellt dagegen:
Das Ziel ist die Erfahrung der Idee des Schönen.

Was für Aristophanes und Sokrates in Platons *Symposion* gilt, gilt ebenso für verschiedene Religionen und

Weltanschauungen, sofern sie offen für spirituelle Erfahrungen sind: Sie deuten die Sehnsucht unterschiedlich. Sie betten sie jeweils in ihren Rahmen ein. Wenn Sie Buddhistin sind, werden Sie davon sprechen, dass Ziel der Spiritualität die Erfahrung der Erleuchtung oder des Erwachens ist. Wenn Sie Christ sind, dann ist es eine unmittelbare Gotteserfahrung, nach der Sie suchen, eine Erfahrung von tiefer, umfassender Liebe. Andere Traditionen sprechen davon, dass das Ziel die Erfahrung ist, eins mit dem ganzen Universum zu sein. Wenn Sie außerhalb von Religionen ein spirituelles Leben führen, dann werden Sie vielleicht sagen, es ginge Ihnen um Authentizität und darum, das Leben zu führen, das wirklich zu Ihnen passt und das stimmig für Sie ist.

Es scheint mir nicht sinnvoll, die eine Deutung gegen die andere auszuspielen. Denn bei dem Versuch einer Argumentation für das eigene Weltbild vergisst man sehr leicht, dass schon die Ansicht, was ein gutes Argument für die eigene Weltanschauung ist, durch die eigene Weltanschauung festgelegt wird. Denn was mir als Argument plausibel und richtig erscheint, muss Menschen aus anderen Kulturkreisen noch lange nicht überzeugen. Das Argumentieren selbst findet nie im luftleeren, erfahrungsfreien Raum statt, sondern ist immer an bestimmte Weltanschauungen gebunden, die nicht selten einen religiösen Hintergrund haben. Und die Plausibilität der Weltanschauungen ist immer an ein konkretes Leben, an eine konkrete Kultur gebunden. Ich bin sicher, dass ich, wäre ich in einem buddhistischen oder hinduistischen Land aufgewachsen, erzogen worden und in die dortige Religion hineingewachsen, ganz andere Überzeugungen hätte. Aber ich hoffe, dass mein spiritueller Weg innerhalb des Christentums mich zu einem Ziel führt, das sich der Sache nach nicht von dem Ziel unterscheidet, das eine Zen-Buddhistin oder ein Yogi verfolgen. Für diese prinzipielle Offenheit von Spiritualität gibt es verschiedene Metaphern. Zwei davon finde ich besonders hilfreich. Das erste Bild ist das eines Berges, zu dessen Gipfel verschiedene Wege führen. Ein Weg ist dabei genauso schön und beschwerlich wie ein anderer. Worauf es ankommt ist, den Weg zum Gipfel tatsächlich zu gehen, Schritt für Schritt, und am Gipfel anzukommen. Vom Gipfel aus hat man einen veränderten, freien Blick auf das Tal, auf den Alltag, den wir leben. Alles bekommt eine andere Perspektive.

Ein anderes Bild, das vielleicht noch mehr Tiefe hat, weil es lebendiger und organischer ist: Gott habe, als er den Menschen geschaffen hat, in unsere Herzen die Samen aller Religionen eingepflanzt. Der Samen, den jemand in seinem Leben pflegt und gießt, der wächst, gedeiht und blüht wunderschön auf, wogegen andere Samen, die nicht gegossen und gepflegt werden, sich nicht zur Pflanze entwickeln.

Wenn nun eine Religion oder Weltanschauung die Sehnsucht interpretiert und in ihren Deutungsrahmen einfügt, dann gibt der Deutungsrahmen seinerseits der Sehnsucht nicht nur eine Richtung, sondern prägt auch die Erfahrung selbst. Wenn in einer Religion wie dem Christentum Gott als die Liebe bestimmt wird, dann prägt das die spirituelle Suche, weil man sie als Sehnsucht nach Liebe, nach Beziehung versteht. Es ist nicht überraschend, dass eine christlich geprägte Kultur die Beziehung und damit das Individuum in den Mittelpunkt stellt, weil wir die Erfahrung von Liebe schließlich mit Individuen machen. Umgekehrt verwundert es auch nicht, wenn eine Religion oder Weltanschauung wie der Taoismus, in der sich der Mensch in seiner Spiritualität als Teil eines universellen Ganzen sieht, in dem die engen Grenzen der eigenen Individualität überwunden werden, in einer ganz anderen Kultur zu finden ist. In einer Kultur nämlich, die eher kollektivistisch geprägt ist und in der die Gemeinschaft einen deutlich höheren Stellenwert hat. Damit sollen die vielen anderen Faktoren bis hin zu klimatischen und ökonomischen, die zu einer individualistischen oder kollektivistischen Kultur beitragen, nicht unterschlagen werden. Aber der religiöse und weltanschauliche Aspekt wirkt zusätzlich stabilisierend auf solche Kulturen ein.

Gehen lassen

KAPITEL 5

Spiritualität und Religion

Als ich mich im Alter von 28 Jahren dazu entschlossen habe, in das Noviziat des Jesuitenordens einzutreten, lernte ich einen alten, mittlerweile verstorbenen Jesuitenpater kennen, einen nachdenklichen und souveränen Mann. Wir kamen miteinander über das Verhältnis von Religion und Spiritualität, von Institution und Innerlichkeit ins Gespräch. »Es ist gut, in eine Religion hineinzuwachsen und in ihr zu leben, aber es ist schlecht, in ihr zu sterben« gab er mir mit auf den Weg. Ich war von seinen Worten nicht nur überrascht, sondern damals auch ziemlich ratlos. Was hat er mir damit genau sagen wollen? Später beschäftigte ich mich mit Dag Hammarskjöld, dem zweiten Generalsekretär der Vereinten Nationen. »Wer Gott liebt, hat keine Religion außer Gott« schrieb er 1955 in sein Tagebuch, das posthum unter dem Titel *Zeichen am Weg* veröffentlicht wurde, und zitierte damit den schon erwähnten Mystiker Rumi. Auch bei ihm derselbe Grundgedanke: Je tiefer und umfassender die Spiritualität, im Christentum würde man sagen: die Liebe zu Gott, desto unwichtiger werden die Bilder, Erzählungen, Lehren und Vorschriften, die Religionen mit sich bringen. Je tiefer und umfassender die Erfahrung ist, desto mehr können wir Bilder und Sätze, die in die Erfahrung hineingeführt haben, hinter uns lassen. Sie können sogar hinderlich sein, wenn wir der Erfahrung treu bleiben möchten. Im Alter, so verstehe ich heute den Jesuiten, sollten die Bilder ihre Aufgabe erfüllt haben. Sie haben geholfen, dorthin zu kommen, wohin man sich gesehnt hat. An ihnen jetzt noch festzuhalten wäre widersinnig.

Die Bilder, Erzählungen und Vorschriften einer Religion können der inneren Suche eine Richtung weisen. Dafür sind sie da. Sie wecken unsere Sehnsucht und möchten Orientierung geben. Viele gute Beispiele für die Art, wie Bilder der Sehnsucht den Weg weisen, finden sich in der Tradition, aus der ich selbst komme, im Buch der Psalmen, einer Sammlung von Texten in der Hebräischen Bibel, die zum Gebet und zur Meditation geschrieben wurden. »Gott, Du mein Gott, Dich suche ich. Meine Seele dürstet nach Dir. Nach Dir schmachtet mein Leib wie dürres, lechzendes Land ohne Wasser«, heißt es beispielsweise in einem der Psalmen, oder »Mein Herz denkt an Dein Wort: Sucht mein Angesicht. Dein Angesicht, Herr, will ich suchen«, oder »Bei Gott allein kommt meine Seele zur Ruhe, denn von ihm kommt meine Hoffnung«. Viele Psalmen gehen von Unruhe und Sinnleere, von erfahrenem Unrecht und Trauer aus und setzen den schmerzhaften und dunklen Erfahrungen dann Bilder des Trostes, der Stille und Geborgenheit entgegen. »Der Herr ist mein Hirte, nichts wird mir fehlen«, heißt es beispielsweise – wohlwissend, dass einem im Leben

viele Dinge schmerzlich fehlen können. Aber es gibt – so
die in den Gebeten der Psalmen verdichtete Erfahrung –
eine noch tiefere Realität hinter all dem Schmerz, aller
Trauer und ja, jedem Tod, in der sich der Betende und
Meditierende aufgehoben weiß.

Für ein besseres Verständnis dessen, was Spiritualität
ist, hilft vielleicht folgende Überlegung weiter: Religionen, so könnte man etwas holzschnittartig sagen, ruhen
auf vier Säulen. Die erste Säule ist die Institution. An-
hänger von Religionen gehören institutionell verfassten
Religionsgemeinschaften an. Die zweite Säule bilden die
Lehrmeinungen, Dogmen und moralischen Vorschriften.
Die dritte Säule umfasst die Weise, in der in einer Religion
zu Gott oder den Göttern gebetet wird, also die Art des
Kultes, der Gottesdienste oder Liturgie. Die vierte Säule
ist die Spiritualität. In der Spiritualität geht es um die
Erfahrung Gottes oder des Göttlichen. Sie ist die lebendige
Quelle, der Pulsschlag und die Seele jeder Religion. Ohne
Spiritualität verkommen Religionen zu Institutionen,
deren einziges Ziel Einfluss und Machterhalt ist. Dogmen
und Moral erstarren zu leblosen und rigiden Systemen.
Gottesdienste sind dann nicht mehr als geistlose Rituale,
die weder Freude noch Trost oder Hoffnung vermitteln –
und völlig zu Recht von immer weniger Menschen besucht
werden. Dass die Spiritualität, die Erfahrung Gottes oder
des Göttlichen, Zentrum jeder Religion ist und die drei
erstgenannten Säulen nachgeordnet sein sollten, obwohl
sie viel zu oft im Vordergrund stehen, zeigt sich auch
an den Biografien der Religionsstifter. Im Ursprung der
Religion steht ja nicht die Idee, eine neue Institution zu
gründen, sondern eine tiefgreifende religiöse Erfahrung.

Daraus entwickeln sich dann schrittweise institutionelle Strukturen, vielleicht auch eine Ethik und Vorschriften für den Kult.

Während sich die verschiedenen Religionen, ja sogar die verschiedenen Konfessionen, in den ersten drei Säulen voneinander unterscheiden und Religionen insofern immer die Tendenz haben, Menschen voneinander zu trennen, gibt es große Übereinstimmungen in Bezug auf die vierte Säule: die Spiritualität.

Jede Spiritualität oder, wie man in religiöser Sprache sagen könnte, jede Mystik oder Frömmigkeit, umfasst zwei Aspekte: einen eher theoretischen und einen praktischen. Der erste Aspekt ist das Bemühen, Antworten auf letzte Fragen des Menschen zu geben: Woher komme ich? Wohin gehe ich? Und was soll das alles hier auf Erden? Die Antworten darauf sind so unterschiedlich wie die Lehrmeinungen und kulturellen Prägungen, aber in einem Punkt sind sich alle Religionen einig: Dass diese Fragen sinnvoll sind, dass wir Menschen diese Fragen an uns herankommen lassen sollten, weil sie sich uns ganz von selbst aufdrängen. Es macht uns Menschen aus, dass wir solche Fragen stellen.

Freilich bestehen die Antworten nicht aus irgendwelchen Sätzen aus religiösen Lehrbüchern, sondern darin, eine Erfahrung zu machen. »Unser Herz ist unruhig, bis es Ruhe findet in Dir«, hat Augustinus von Hippo, ein bedeutender christlicher Theologe aus dem fünften Jahrhundert, sehr treffend formuliert. Eine Antwort auf die Frage nach dem Sinn unseres Daseins finden wir nicht, indem wir den einen, richtigen Satz formulieren können, sondern indem wir eine Erfahrung machen, die unsere

Frage zur Ruhe bringt, selbst wenn wir nicht einmal genau sagen können, wie.

Beim zweiten Aspekt der Spiritualität, dem praktischen, gibt es zwischen den Religionen große Ähnlichkeiten. Alle Religionen meinen, dass man sich Gott oder dem Göttlichen nähern oder angleichen kann und dass es Übungen gibt, die dabei helfen. Und auch die Art der Übungen ist sehr ähnlich: In vielen Religionen gibt es Übungen der Imagination, es gibt Körperübungen und Meditationen, in denen die Wahrnehmung des eigenen Atems im Vordergrund steht, manchmal mit einem Mantra verbunden, also einem Wort, oft der Name Gottes oder einer Gottheit. Alle diese Übungen sind Erfahrungswege, die die Übenden näher zum Ziel ihrer Sehnsucht bringen sollen.

Ein schönes Beispiel ist die Ähnlichkeit der uralten buddhistischen Metta-Meditation mit der Meditation zur Erlangung der Liebe aus dem Exerzitienbuch des Gründers des Jesuitenordens, Ignatius von Loyola. Bei aller Verschiedenheit im Detail geht es in beiden Übungen darum, ausgehend von sich selbst die Liebe auf alle Menschen auszuweiten und dadurch zu jemandem zu werden, der allen Menschen Liebe, Güte und Barmherzigkeit entgegenbringen kann. In der Metta-Meditation wünscht sich der Meditierende zunächst von Buddha oder der Gottheit, zu der er betet, für sich selbst Frieden, körperliche Unversehrtheit oder Glück, indem er beispielsweise Sätze wie »Möge mein Leben in Frieden sein« still rezitiert. Dann, in einem zweiten Schritt, wünscht er dasselbe Wohlergehen anderen Menschen, die ihm nahestehen. In einem dritten und vierten Schritt dehnt er den Kreis der Menschen auf diejenigen aus, die er nicht kennt, und dann auch auf diejenigen, die er eigentlich nicht ausstehen kann. Auch für sie wünscht er Frieden, Liebe und Barmherzigkeit.

Die sogenannte »Betrachtung zur Erlangung der Liebe« aus dem Exerzitienbuch beginnt damit, dass die Meditierende erwägt, wie viel Gott für sie bisher getan hat, wie viel Liebe sie empfangen hat und wie reich Gott sie in ihrem Leben weiter beschenken möchte. Auch hier beginnt die Meditierende also bei sich selbst. Im zweiten Schritt erwägt sie, wie Gott in allen Geschöpfen präsent ist, von den unbelebten Elementen, die er geschaffen hat, über Pflanzen, Tiere bis zu allen Menschen. Im dritten Schritt wird die Meditierende angeleitet, sich Gott als jemanden vorzustellen, der unaufhörlich für die ganze Welt, jeden Menschen, aber vor allem auch für die Meditierende selbst arbeitet und sich müht. Im letzten Schritt bedenkt sie, wie alles, was sie hat, von Gott kommt: Alle Güte, Freundlichkeit, Barmherzigkeit – so wie die Sonne ihre Strahlen aussendet oder einer Quelle das Wasser entströmt. Dabei geht es natürlich nicht darum, sich distanziert die göttliche Schöpfung anzuschauen, sondern darum, sich in diese Dynamik hineinzubegeben und auch in sich selbst Liebe, Güte und Barmherzigkeit zu erwecken. Der islamische Mystiker Rumi hat es treffend auf den Punkt gebracht hat: »Der Lohn der Religion besteht aus Liebe.«

Wer solche Übungen macht, bei dem hinterlassen sie Spuren. Die Metta-Meditation ist auch wissenschaftlich erforscht worden, und man konnte zeigen, dass Menschen schon nach wenigen Minuten eine größere soziale

Verbundenheit und geringere Reserviertheit gegenüber fremden Personen empfinden. Die Bilder und Übungen der Religionen formen unser Herz und prägen unsere Sehnsucht.

KAPITEL 6

Spiritualität ohne Religion

Auch wenn Spiritualität mittlerweile nicht mehr an Religionen gebunden ist, so mag es doch hilfreich sein, ihre ursprüngliche Heimat im Blick zu behalten. Sonst setzen wir ihr womöglich vorschnell eine Grenze. Die Übungen, das Yoga oder die Meditation können ja doch mehr, als nur dabei zu helfen, sich besser zu konzentrieren, zu entspannen oder kreativer bei der Arbeit zu sein.

Grob gesprochen kann man vier Gruppen von Menschen unterscheiden, für die Spiritualität von Bedeutung ist. Sie unterscheiden sich in ihren Zielen und ihrer Motivation. Zur ersten Gruppe gehören Menschen, die ihr ganzes Leben der Spiritualität innerhalb eines religiösen Rahmens widmen. Denken Sie an Yogis im Hinduismus oder an kontemplative Karmelitinnen im Christentum. Sie leben, um zu üben, um zu meditieren und sich ganz Gott oder dem Göttlichen hinzugeben. Zur zweiten Gruppe gehören Menschen, die zwar nicht leben, um spirituellen Übungen nachzugehen, für die Spiritualität aber eine Ant-

wort auf die letzten Fragen des Lebens, auf ihre Identität
und ihre Sehnsucht ist. Spiritualität gehört essenziell zu
ihrem Leben. Innerhalb dieser Gruppe kann man noch
einmal unterscheiden zwischen Menschen, die Spiritualität innerhalb eines religiösen Deutungsrahmens leben
(zu dieser Gruppe würde ich mich beispielsweise zählen)
und denjenigen, die ihr Leben nicht religiös interpretieren.
Zur dritten Gruppe gehören Menschen, die ihre Lebensqualität verbessern möchten und dafür Techniken nutzen,
die ursprünglich Teil einer religiösen Praxis waren. Sie
möchten körperlich fitter sein und gehen ins Yogastudio.
Sie meditieren, um achtsamer durch den Alltag zu gehen,
mit Arbeitsstress besser umgehen zu können oder in eine
bessere Stimmung zu kommen. Zur letzten Gruppe zählen schließlich Menschen, die spirituellen Übungen nicht
systematisch nachgehen, aber ab und an inspirierende
Impulse suchen. Verschiedene Apps liefern dafür beispielsweise gute Dienste.

Diese vier Gruppen existieren nicht beziehungslos nebeneinander. Ein passendes Bild ist das der konzentrischen
Kreise, Kreise also, die denselben Mittelpunkt haben. Zum
ersten Kreis im Zentrum gehören die Menschen der ersten
Gruppe. Sehr viele wird es davon nicht geben. Im nächsten Kreis sind die Menschen der zweiten Gruppe, für die
Spiritualität eine Frage ihrer Identität ist. Davon gibt es
schon deutlich mehr. Im dritten, noch weiteren und größeren Kreis die Menschen, die mithilfe von Spiritualität
systematisch ihre Lebensqualität erhöhen möchten. Im
vierten, äußeren Kreis die große Menge derjenigen, die
an Spiritualität interessiert und für spirituelle Übungen
offen sind.

Die Unterscheidung in den konzentrischen Kreisen lässt sich auch an der Wahrnehmung des eigenen Atmens verdeutlichen, denn die Übung, den eigenen Atem wahrzunehmen, findet sich in allen Gruppen, hat aber eine je andere Bedeutung und ein anderes Ziel. Zunächst einmal gilt: Solange wir leben, atmen wir, und solange wir atmen, leben wir. Wir atmen meistens nicht bewusst und willentlich, es passiert einfach. Es atmet in uns. Ganz von selbst und ganz natürlich. Meistens schenken wir dem Atem keine Aufmerksamkeit, es sei denn, wir leiden unter starkem Husten oder Atemnot. Die Übung, den eigenen Atem wahrzunehmen und die Aufmerksamkeit darauf zu lenken, findet sich nun nicht nur in allen skizzierten Gruppen, sondern auch in unserem Alltag: Wir kennen die Empfehlung, erst einmal gut durchzuatmen, wenn wir in heller Aufregung sind. Das tiefe Ein- und Ausatmen beruhigt uns, schafft uns einen Augenblick lang einen Abstand zu den Emotionen, von denen wir gebeutelt werden. Wir fangen wieder an, klarer zu denken.

Die vierte Gruppe im äußeren Kreis macht sich dieses Prinzip zu eigen. Es gibt mittlerweile eine Fülle von Apps, die unser Smartphone in der Hektik unseres Alltags regelmäßig klingeln, gongen oder vibrieren lassen und damit beispielsweise dazu auffordern, drei unserer Atemzüge aufmerksam hintereinander wahrzunehmen. Wir sollen damit versuchen, unsere Aufmerksamkeit für einen Moment von den Dingen, mit denen wir gerade beschäftigt sind, abzuziehen und für drei Atemzüge allein auf das natürliche Ein- und Ausströmen des Atems zu richten. Das ist sicherlich bei einem Spaziergang, in dem ich immer wieder in fruchtloses Grübeln verfalle, sinnvoller als bei einem riskanten Überholmanöver auf der Autobahn. Manchmal erlebt man die App wohl auch als eine zusätzliche Belastung: Der Moment ist gerade schon stressig genug, und dann vibriert auch noch die App in der Hosentasche und wir sollen drei Atemzüge nehmen! Aber nicht selten bewirkt die App auch Gutes: Wir steigen für einen Moment aus dem Alltagsgeschehen aus, kommen in einen Abstand, sind für einen Augenblick nicht bei den vielen Dingen, die uns fordern, sondern bei uns selbst, bei unserem Körper. Dabei, wie man vielleicht die Luft in der Nase spürt oder wahrnimmt, wie sich der Brustkorb mit jedem Atemzug ein ganz kleines Stück weitet.

Die Wahrnehmung des Atems spielt für die Menschen der dritten Gruppe eine ganz wesentliche Rolle, und ich muss an dieser Stelle ein wenig ausholen. Es ist ein buddhistischer Arzt gewesen, Jon Kabat Zinn, der in den 80er-Jahren Meditationsübungen unabhängig vom religiösen Kontext sehr erfolgreich zur Therapie von Schmerzpatienten und von Menschen eingesetzt hat, die unter Burnout leiden. Berühmt wurde Kabat Zinn durch einen achtwöchigen Kurs, den er ›Mindfulness Based Stress Reduction‹ nannte, indem eine Haltung eingeübt wird, die im Englischen ›Mindfulness‹ heißt und im Deutschen meist mit ›Achtsamkeit‹ übersetzt wird. Diese Übersetzung ist nicht völlig falsch, aber weckt irreführende Assoziationen. Mindful bedeutet eigentlich geistesgegenwärtig und bei vollem, klaren Bewusstsein zu sein. Während ›Achtsamkeit‹ eher mit Langsamkeit, Entschleunigung und Bedächtigkeit assoziiert wird, geht es bei Mindfulness also um etwas anderes. Es geht um wache Präsenz, um eine Geistesgegenwart, in der man dann gegebenenfalls sehr schnell, klar und zielstrebig agieren kann. Es geht darum, ganz und ungeteilt bei der Sache zu sein, die einen gerade beschäftigt: Sei es ein Gespräch, ein Konzert, die Lektüre eines Buches oder ein Spaziergang – was auch immer! Das Gegenteil von Mindfulness wäre dann ein Versinken in einem Alltag, der sich grau anfühlt, wären geistlose Beschäftigungen, eine eintönige Wiederkehr des Gleichen, Grübeln, Ablenkung, Zerstreuung, Routine und das Gefühl eines Lebens im Hamsterrad, eines ewigen unproduktiven Kreisens um sich selbst.

Wie sehr die Übersetzung von ›Mindfulness‹ mit ›Achtsamkeit‹ das Verständnis der Übungen selbst beeinträchtigen kann, lässt sich an einer davon deutlich machen, die mittlerweile eine gewisse Popularität erlangt hat. Menschen, die unter Burnout leiden, werden angeleitet, sich über einen langen Zeitraum mit einer einzigen Rosine zu beschäftigen. Sie zunächst mit dem Tastsinn wahrzunehmen, also die Oberfläche und Konsistenz genau zu erspüren, sie dann zu riechen, zu kauen, zu schmecken und erst nach einer halben Stunde hinunterzuschlucken. Die Übung kann ausgesprochen anstrengend sein, weil es mühsam ist, seine Aufmerksamkeit die ganze Zeit bei der sinnlichen Wahrnehmung der Rosine zu halten. Meistens driftet sie schon nach wenigen Sekunden weg. Die Rosine wird langweilig, und andere Gedanken schieben sich in den Fokus. Wer diese Übung nun als eine der ›Achtsamkeit‹ versteht, der missversteht leicht ihren Sinn. Der ist es nämlich nicht, den Burnoutpatienten wieder für den Reichtum einer Rosine zu sensibilisieren, die wir bisher jeden Morgen ohne jede Achtsamkeit mit unserem Müsli verschlungen haben. Eine solche Einsicht mag tatsächlich eine Folge der Übung sein, aber darum geht es nicht. Es geht darum, den Geist dort zu halten, wo man ihn halten will. Auch wenn es bei einer Rosine ist, die wir nun schon drei Minuten sanft mit den Fingern drücken.

Ein Beispiel aus der Forschung kann die Art der Wachheit und Geistesgegenwart, um die es bei Mindfulness-Übungen geht, gut illustrieren. Es geht um eine Übung, die darin besteht, einem Gong zuzuhören, der zehn Mal angeschlagen wird. Jemand, der in der Meditation nicht geübt ist, hört, wie man im Hirnscan sehen kann, beim ersten Mal gut zu. Das Geräusch ist neu und nimmt die Aufmerksamkeit gefangen. Aber schon zwei, drei Schläge weiter verliert das Neue seinen Reiz, und der Proband beschäftigt sich gedanklich mit anderen Dingen. Er kann seine Aufmerksamkeit nicht bei dem Gong halten. Es langweilt ihn. Er sucht nach neuen Reizen für seine Aufmerksamkeit.

Anders diejenigen, die in der Meditation geübt sind und ihr Leben in einer Haltung von Mindfulness zu leben versuchen: Die Hirnscans zeigen hier, dass die Menschen noch beim zehnten Gongschlag ganz bei der Sache sein können. Sie hören ihn mit derselben Intensität wie den ersten. Für sie klingt er jedes Mal frisch, neu und interessant.

Neben Übungen, die helfen, den eigenen Körper immer sensibler wahrzunehmen, steht die Mindfulness-Meditation im Mittelpunkt des erwähnten Kurses zur Behandlung und Prävention eines Burnouts. Sie ist nichts anderes als die Übung, bei der wir die Aufmerksamkeit immer wieder auf den eigenen Atem richten. Es geht darum, sich selbst dabei zuzuschauen, wie in unserem Körper ganz natürlich etwas passiert, ohne dass wir etwas dazutun müssten: dass ein- und ausgeatmet wird. Ganz von selbst.

Die Übung ist einfach, aber nicht leicht. Sie ist einfach, weil es keine komplizierten Regeln gibt. Man kann überhaupt nichts falsch machen. Die einzige Regel ist, immer wieder den Versuch zu machen, die Aufmerksamkeit auf den Atem zurückzulenken, wenn wir merken, dass andere Dinge sie auf sich ziehen: sorgenvolle oder freudige Gedanken, Fantasien zu Streitgesprächen oder dem nächsten Urlaub, körperliche Schmerzen oder Irritationen, Müdigkeit, Langeweile, vielleicht auch Ängste und innere Not. Wenn die Aufmerksamkeit wandert und nicht mehr dem Atem gilt, dann besteht die Übung darin, sie treu, sanft und bestimmt zur Wahrnehmung des Atems zurückzulenken. Das ist schon alles. Die Übung besteht nicht einmal darin, den eigenen Atem wahrzunehmen. Wenn das so wäre, würden wir schnell verzweifeln, weil das gerade zu Anfang viel zu schwierig für uns wäre. Sie besteht vielmehr darin, zu *versuchen*, so gut es eben gerade möglich ist, die Aufmerksamkeit auf den Atem zu richten. Weil viele Menschen aber so darauf trainiert sind, Ergebnisse zu erzielen, ist dieser Unterschied – wiewohl eigentlich sonnenklar, könnte man meinen – manchen nur schwer zu vermitteln. Und üben können Sie überall: Nicht nur auf dem Meditationskissen oder -hocker, sondern in der U-Bahn, beim Schlangestehen an der Kasse oder während eines Spaziergangs.

Dennoch ist die Übung eben nicht gerade leicht, weil unsere Aufmerksamkeit so überaus schnell weg von der Wahrnehmung des Atems zu ganz anderen Themen wandert. Schon für drei Atemzüge seine Aufmerksamkeit beim Atem zu halten, kann schwerfallen. Beinahe automatisch driftet man ab.

Doch auch wenn die Übung mühsam ist, lernt man dadurch etwas von großer Bedeutung: Herr oder Herrin der eigenen Aufmerksamkeit zu sein. Wenn jemand in der einfachen Atemübung gelernt hat, seine Aufmerksamkeit dort zu halten, wo er sie haben möchte, dann wird ihm diese Fähigkeit auch im anspruchsvollen Alltag von großem Nutzen sein. Er wird sich nicht von den Menschen oder Dingen beeindrucken lassen, die am lautesten oder schrillsten um Aufmerksamkeit buhlen. Da alles Mögliche an uns zerrt oder wahrgenommen werden will – von surrenden Apps und Werbebildschirmen in Zügen über unsere Kinder bis zu den Anforderungen des Jobs –, ist es unmittelbar nachvollziehbar, wie hilfreich es wäre, selbst über unsere Aufmerksamkeit zu bestimmen.

Auch für anstrengende Arbeitssituationen ist plausibel, wie hilfreich es ist, Herr oder Herrin der eigenen Aufmerksamkeit zu sein und sich damit auch von etwaigem Druck nicht bedrängen zu lassen. Der Druck geht zwar nicht weg, aber er beeindruckt mich dann nicht mehr und beeinflusst immer weniger die Art und Weise, wie ich arbeite und auch sonst lebe. Ein wichtiger anderer Effekt: Menschen, die sehr viel und anspruchsvoll arbeiten, können oft wenig Zeit mit ihren Partnern und Kindern verbringen. Das ist ein Problem. Ein noch größeres Problem ist aber, dass viele Menschen selbst in der Zeit mit der Familie oder ihren Freunden gedanklich im Büro sind. Der Arbeitsdruck ist so hoch, dass die anstehenden ungelösten Aufgaben ihre Aufmerksamkeit permanent in Anspruch nehmen. Es ist insofern nicht überraschend, dass Meditationsübungen auch immer stärker Einzug in Wirtschaftsunternehmen halten.

Kommen wir nun zur zweiten Gruppe, zu den Menschen, denen es bei den spirituellen Übungen nicht mehr um die Optimierung bestimmter Fähigkeiten geht, die zur Bewältigung des Alltags hilfreich sind, sondern darum, im Spirituellen eine Antwort auf ihre Sehnsucht zu finden und ein immer feineres Gespür für die eigene Identität zu entwickeln. Meditation ist unmittelbar mit der Frage verbunden, wer ich bin, was mich ausmacht und in der Tiefe bewegt. Durch sie lerne ich nicht nur etwas über meine Schwierigkeit, die Aufmerksamkeit dort zu halten, wo ich sie haben will. Ich lerne noch viel mehr, vor allem über mich selbst. Auch wenn es in der Meditation nicht darum geht, sich mit den Gedanken, Fantasien, Gefühlen und Körperempfindungen, die sich in den Vordergrund drängen, zu beschäftigen, so werden sie dennoch wahrgenommen. Es geht gar nicht anders. Wenn ich merke, dass meine Aufmerksamkeit irgendwo anders gelandet ist als bei meinem Atem und ich nun zu ihm zurückkommen möchte, dann bemerke ich damit ja auch, wo ich gewesen bin. Zu Beginn sind das oft Alltagserlebnisse, Bilder, körperliche Verspannungen oder Müdigkeit. Die Stille in der Meditation sensibilisiert uns für die Menge an täglichem Lärm, der in uns produziert wird.

Denn die vielen Gedanken, die in unserem Kopf surren, entstehen ja nicht erst dadurch, dass wir versuchen, still zu werden. Sie sind schon da. Nur müssen wir sie im Alltag übertönen, müssen etwas machen, das laut genug ist, damit wir uns mit dem inneren Lärm nicht beschäftigen müssen. Wie stark er trotz aller Ablenkung zu uns gehört und präsent ist, erleben viele in der Schlaflosigkeit. Man wacht mitten in der Nacht auf, die Gedanken sind unklar, aber wir werden von Unruhe und Sorge bedrängt. Um die positive Erfahrung zu machen, dass es bei dem inneren Lärm nicht bleibt, empfiehlt es sich, einmal eine intensive Zeit der Meditation zu widmen. Meiner Erfahrung nach reichen zu Beginn vier oder fünf Tage dafür schon aus. Wenn man ein paar Tage meditiert, lässt der Alltagslärm in uns nach, und Bilder und Gedanken aus tieferen Schichten, die mit unserer Identität verbunden sind, steigen empor. Zwei Beispiele aus der Begleitung Meditierender mögen illustrieren, was damit gemeint ist: Da gibt es die junge Gründerin, die mit einem Startup beschäftigt ist und in der Meditation immer wieder wahrnimmt, dass ihre Aufmerksamkeit weg von ihrem Atem hin zu fiktiven Streitgesprächen mit ihrem Vater wandert, oft verbunden mit starken Gefühlsregungen. Was sie mit sich selbst erlebt, wenn sie meditiert, lässt sie fragen, ob es nicht einen viel stärkeren Zusammenhang zwischen der Gründung ihres Unternehmens und ihrem Elternhaus gibt, als ihr bewusst ist. Vielleicht will sie als junge Gründerin ihrem Vater etwas beweisen? Es ihm rechtmachen? Auf jeden Fall merkt sie, dass es offenbar bisher nicht wahrgenommene Motive für die Firmengründung gibt. Das herauszufinden ist sehr aufschlussreich für sie. Dem Vater etwas beweisen zu wollen, wäre vielleicht keine gute Grundlage für den Aufbau eines Unternehmens mit all den damit einhergehenden Anforderungen. Oder denken wir an einen schon älteren Facharbeiter, der beim Meditieren wahrnimmt, dass seine Gedanken immer wieder zu seiner Zeit nach dem Berufsleben abschweifen.

Gedanken, die sorgenvoll und mit dem Gefühl verbunden sind, nutz- und wertlos zu werden. Diese Gedanken in der Meditation wahrzunehmen, ohne sich freilich mit ihnen zu beschäftigen, ist sehr hilfreich. Es verhindert, dass sie eine Eigendynamik entwickeln und Entscheidungen bedingen, die den Mann auf Abwege führen, sich zum Beispiel aus Angst vor der Bedeutungslosigkeit Hals über Kopf in Projekte und Verpflichtungen zu stürzen, die ihm eigentlich gar nicht liegen. Wie dem auch im Einzelfall sein mag: Wenn wiederkehrende Themen in der Meditation auftauchen, dann ist dies ein klares Zeichen dafür, dass es gut ist, sich auch außerhalb der Meditation mit ihnen zu beschäftigen.

Wer sich so auf die Meditation und damit auf sich selbst einlässt, erfährt, was ihn, vielleicht weitgehend unbewusst, beschäftigt. Und für die Menschen der zweiten Gruppe geht es ja nicht mehr um das Trainieren bestimmter Eigenschaften, sondern um sie selbst. Der Wunsch, ja die innere Notwendigkeit, in allem, was man tut, auch mit sich selbst verbunden zu sein, prägt diese Gruppe. Ignatius von Loyola hat für den idealtypischen Jesuiten einmal den Begriff des ›contemplativus in actione‹ geprägt. ›In actione‹ zu sein, das können wir alle: Wir alle sind ständig mit irgendetwas beschäftigt, sei es beruflich oder in unserer Freizeit. Beschaulichkeit, Muße, einfach mal nichts tun – das kommt in unserem Leben kaum noch vor. Die ›Actio‹ sollte aber Ignatius zufolge in einer bestimmten Haltung ausgeübt werden, nämlich kontemplativ. Im Rahmen einer christlichen Spiritualität bedeutet das, alles in dem Bewusstsein und der Wahrnehmung der Gegenwart Gottes zu tun. Aber, so könnte man fragen, kann ich dann überhaupt noch ganz und ungeteilt bei der Sache sein, mit der ich beschäftigt bin, wenn ich zugleich die Gegenwart Gottes wahrnehmen soll?

Ein altes Bild aus der christlich-orthodoxen Tradition verdeutlicht, wie beides zusammengeht: Man sei wie der Schreiber, der sorgsam ein altes Manuskript kopiert, und seine ganze Aufmerksamkeit auf seine Arbeit richtet. Seine Arbeit aber verrichtet er in dem Saal eines guten Königs, der währenddessen seinen gütigen Blick auf ihm ruhen lässt. Das spürt der Schreiber, und die Gegenwart des Königs verleiht seiner Arbeit Leichtigkeit, Freude und Kraft.

Um zu einem ›contemplativus‹ oder einer ›contemplativa in actione‹ zu werden, braucht man kein religiöser Mensch zu sein. Es ist eine Haltung, in der ich mich selbst in allem, was ich tue, wahrnehme, mit einem Teil meiner Aufmerksamkeit bei mir selbst bleibe, ohne mich darin zu verlieren. Selbstwahrnehmung bedeutet nicht, über sich nachzudenken oder sich von einem imaginierten Standpunkt aus selbst zu beobachten. Es bedeutet schon gar nicht, sich zu bewerten. Es bedeutet, die Aufmerksamkeit nicht einfach konzentriert und damit oft auch verengt auf die Sache zu richten, mit der ich beschäftigt bin, sondern auch mich selbst dabei nicht aus dem Blick zu verlieren. Ich bin bei der Arbeit, die ich erledige, oder bei den Menschen, mit denen ich mich unterhalte; bei der Musik, die ich höre, oder dem Spaziergang, den ich mache. Und gleichzeitig bei mir selbst, der Resonanz, die die Arbeit, andere Menschen, Atmosphären oder die Natur in mir bewirkt.

Noch ein paar Worte zu den Menschen aus der ersten Gruppe, die innerhalb eines religiösen Rahmens ihr ganzes Leben der Spiritualität widmen. In allen Hochreligionen gibt es Traditionen, in denen die Wahrnehmung des Atems im Vordergrund steht. In diesen Traditionen soll die konsequente Wahrnehmung des Atems die Übenden zur Erfahrung Gottes, des Göttlichen, des Universums führen – oder wie immer man es je nach Religion begrifflich fassen möchte. In der jüdisch-christlichen Tradition heißt es im Schöpfungsbericht der Hebräischen Bibel, dass Gott den Menschen aus der Erde des Ackerbodens geformt und dann lebendig gemacht habe, indem er seinen eigenen Atem in dessen Nase blies. Was an diesem Bild aufschlussreich ist: Der menschliche Atem ist nicht nur unser, sondern Gottes Atem. Es gibt eine Identität zwischen uns und Gott, und zwar in unserem Atem. In einer Kapelle im schwäbischen Weingarten hängt eine alte, verwitterte Holzplanke, die diesen Gedanken treffend aufnimmt. Mit großen Buchstaben ist darauf eingraviert:»Du atmest in mir.« Dasselbe Bild findet sich auch im Neuen Testament. Der auferweckte Jesus, so heißt es im Johannesevangelium, haucht die Jünger an, und sie empfangen damit den Heiligen Geist. An einer anderen Stelle heißt es, dass es der Heilige Geist, also der Atem Gottes ist, der in uns Menschen lebt und unaufhörlich in uns betet. Die Auffassung, dass der Atem viel mehr ist als die Luftmenge, die in unsere Lungenflügel ein- und ausströmt, findet sich sehr ähnlich auch im Hinduismus. Der individuelle Atem, Atman, ist identisch mit Brahman, der Weltseele. Es gibt also eine Identität zwischen unserem Atem und dem Wesen des ganzen Universums. Die Asanas, also die körperlichen Übungen im Yoga, wollen zu dieser Erfahrung hinführen; darum spielt in verschiedenen Yogatraditionen, in denen Asanas geübt werden, die Wahrnehmung des Atems eine so bedeutende Rolle. Die Wahrnehmung des Atmens ist die Grundübung im Zenbuddhismus, und in sufistischen Strömungen des Islam verbindet der Atem die Übenden mit der Wirklichkeit Gottes.

Die Erfahrungen des Atems sind also die Quelle aller spirituellen Übungen, wenn sich auch der Strom, der daraus entspringt, in ganz verschiedene Richtungen verzweigt.

Tod

KAPITEL 7

Wege zu uns selbst

Gegenüber eines großen Münchner Yogastudios, auf der anderen Straßenseite, liegt ein Café, das auch bei den Yoga-Übenden sehr beliebt ist. Dort gibt es veganen Kuchen, nicht nur ordinäre Sojamilch, sondern auch Mandel-, Hafer-, Kokos-, Hanf- und Reismilch, und wer möchte, kann auch einfach nur heißes Wasser bestellen, das allerdings ebenso viel kostet wie ein normaler Tee. Man hat sich auf die Kunden eingestellt.

Manche von ihnen gehören nicht zu den einfachsten Gästen, um es vorsichtig zu sagen, und es kommt immer wieder einmal vor, dass die Geschäftsführerin, wenn eine Gruppe von Yogis nach der Übungsstunde in ihren Laden stürmt, die Welt nicht mehr versteht: Die Atmosphäre ist gereizt, manchmal sogar aggressiv. Wenn die Wünsche der Gäste nicht sofort und auf der Stelle erfüllt werden, reagieren manche ungehalten. Und wehe der freundlichen und bemühten Bedienung, wenn sie im Ansturm der Gäste einmal die Milchsorten durcheinanderbringt! »Was soll dieses ganze Yogagetue«, klagte die Besitzerin

einmal nach einem besonders stressigen Nachmittag,
»wenn man dadurch nicht ausgeglichener wird?«
So verständlich die Klage, so klar ist die Antwort.
Auch wenn es viele Yogis geben mag, die ihre Übungen in
erster Linie machen, um körperlichen Problemzonen zu
Leibe zu rücken oder sich in Gemeinschaft mit anderen
sportlich zu betätigen, so sind die Übungen vor vielen
tausend Jahren in Indien nicht entwickelt worden, damit
man attraktiver und sportlicher unterwegs sein kann. Sie
sind als Körperübungen Teil einer umfassenden Spiritualität, und anders als Jogging, Bouldern oder Gewichthe-
ben im Fitnessstudio wirken sie, auch ohne dass sich die
Übenden dessen bewusst sein müssten, tief auf unsere
Persönlichkeit ein. Je mehr wir üben, desto stärker die
Wirkung – nicht nur auf unseren Körper, sondern auch
auf unsere Emotionen und unseren Geist. Nach einer
anstrengenden Bergwanderung oder einer ausgedehn-
ten Fahrradtour mag man sich jedes Mal erschöpft und
glücklich fühlen; nach einer harten Yogastunde kann es
anders sein. Man reagiert gereizter, ist dünnhäutiger und
versteht manchmal selbst nicht, was da mit einem los ist.

Dabei liegt die Antwort auf der Hand: Unser spiritueller Weg, der immer auch ein Weg zu uns selbst ist,
vertieft sich – auch wenn das gar nicht in der eigenen
Absicht gelegen haben mag. Ganz unabhängig davon,
ob man zu meditieren anfängt, sich um spirituelles Yoga
bemüht oder auf rein körperlicher Ebene eine Praxis
wie Yoga beginnt: Über kurz oder lang kommen wir an
einen Punkt, in dem die Übungen eine neue Dimension
bekommen. Und ein Zeichen dieses Fortschritts ist es,
dass wir krisenhafte Phasen erleben können.

Wir erinnern uns: Die Gruppe im dritten konzentrischen Kreis meditiert, um etwas zu erreichen. Um sich besser zu fühlen, fitter für den Alltag zu sein oder zur Ruhe zu kommen. Anders ausgedrückt: Im dritten Kreis geht es darum, bestimmte Eigenschaften und Fähigkeiten zu optimieren und, so könnte man es ausdrücken, Stimmungsmanagement zu betreiben. Daran ist überhaupt nichts problematisch, und zu Beginn funktioniert das auch meistens recht gut. Doch wer konsequent weiter übt, der gelangt manchmal schon recht schnell von dem dritten Kreis in den zweiten. Und im zweiten Kreis, in dem es um unsere Identität und unsere Sehnsucht, um ein immer feineres Gespür für uns selbst geht, funktioniert Stimmungsmanagement und der Versuch einer Optimierung des eigenen Lebens einfach nicht mehr. Dabei ist mit Krisen zu rechnen, mit denen man lernen muss, umzugehen. Dass unsere Yogis nach ihren Übungsstunden also manchmal frustriert oder aggressiv im Café sitzen, ist überhaupt nicht verwunderlich.

Wer mit der Erwartung an Yoga, Meditation oder andere spirituelle Übungen herangeht, dass diese konsequent zu einer immer größeren inneren Harmonie und Sammlung führen, wird nach einiger Zeit enttäuscht werden. Auf dem Weg der Spiritualität gibt es, vor allem wenn man viel und intensiv übt, immer wieder Phasen, die wie ein Rückschlag erlebt werden. Davon kann jeder berichten, der dabeibleibt: Die Meditation, die Wahrnehmung des Atems wird zäh und langweilig, und es gibt so gar nichts mehr zu entdecken. Das Rezitieren eines Mantras geschieht mechanisch und ohne dass man dabei irgendetwas spürt oder erlebt. Bei den Yoga- oder Qi-

Gong-Übungen macht man überhaupt keine Fortschritte und ist mit seinen Gedanken überall, nur nicht in der inneren Sammlung und beim Körper.

Und dann kann es passieren, dass immer wieder auch unangenehme und dunkle, vielleicht schmerzhafte Erinnerungen auftauchen. Der Schlaf wird unruhiger, man erlebt sich im Alltag unzufriedener und aggressiver, und auch mit ihrer Sexualität fühlen sich manche in die Pubertät zurückversetzt. Das Leben scheint nicht einfacher, sondern kompliziert und schwierig zu werden.

Für einen Fortschritt unseres spirituellen Lebens, der uns tiefer mit unseren inneren Quellen und unserer Sehnsucht verbindet, hängt nun alles davon ab, wie wir solche Phasen interpretieren. Manche Menschen hören mit ihren Übungen dann ganz einfach wieder auf. Klar: Wer in der Meditation Ruhe und Frieden sucht und doch nur gähnende Langeweile findet, der kommt schnell zu dem Schluss, dass das Ganze eigentlich nichts für ihn ist.

Es mag gute Gründe geben, eine bisher geübte spirituelle Praxis wieder aufzugeben. Vielleicht merken wir, dass wir aus den Übungen herausgewachsen sind. Oder dass wir sie nur gemacht haben, um zu einer Gruppe dazuzugehören oder einem Trend zu folgen. Dass jedoch die Gedanken dunkler werden, die Meditation zäher und das Üben langweilig wird, muss noch kein Grund fürs Aufhören sein. Die spirituellen Übungen sind in den allermeisten Fällen nicht die Ursache für unsere Unruhe, Langeweile oder Unzufriedenheit. Spirituelle Übungen, vor allem die Meditation, produzieren die negativen Gefühle nicht, sondern decken auf, was ohnehin schon in uns ist. Sie lassen uns viel deutlicher als im geschäftigen

Alltag wahrnehmen, was eigentlich mit uns los ist. Die Vertiefung von Spiritualität und Selbstwahrnehmung gehen Hand in Hand.

Um den eigenen Fortschritt zu erkennen, ist es zum einen hilfreich, während solcher Phasen nicht auf die Übungen selbst zu schauen, sondern auf die Wirkungen, die sie im Alltag hervorbringen. Gerade in den ersten Jahren einer regelmäßigen spirituellen Praxis spürt man nicht immer gut, was sich tief in einem verändert, während man meditiert oder Yoga praktiziert. Dass die Übungen mühsamer werden, sagt insofern gar nichts darüber aus, ob sie wirken und die Zeit sinnvoll investiert ist. Hier hilft es, auf den Alltag zu schauen: Vielleicht werden Sie merken, dass Sie aufmerksamer zuhören können. Sie registrieren möglicherweise, dass Sie an anderen Menschen oder auch in der Natur neue Dinge wahrnehmen, über die Sie sich freuen. Oder Sie haben doch den Eindruck, mehr Kontakt zu sich selbst zu bekommen: Sie nehmen Ihre Stimmungen und Gefühle, auch Ihren Körper, differenzierter wahr. Sie erspüren schneller, wenn Erwartungen an Sie herangetragen werden, die für Sie nicht passen, und können sich dann leichter entscheiden, ihnen nicht zu entsprechen. Sie werden unabhängiger von der Anerkennung anderer, weil Sie sich stabiler fühlen, und nehmen Ihre Bedürfnisse deutlicher wahr. All das sind Früchte der Meditation. Bleiben Sie also dran!

Zum anderen kann es durchaus sein, dass wir während der Übungen etwas über uns selbst lernen, auch wenn es zunächst unangenehm sein mag, was wir da erfahren. Aber es ist unsere Realität. So kann es sein, dass jemanden beim Meditieren immer wieder große

Unlust überkommt, die sich zu einem Widerstand gegen die Übung auswächst. Der ursprüngliche Wunsch zu Meditieren verwandelt sich während der Praxis in einen erheblichen inneren Druck. Der Übende merkt, dass er auch körperlich verkrampft und kann sich dagegen kaum wehren. Wenn er sich nun fragt, warum ihm das so passiert, und beginnt, auch im Alltag auf das Gefühl der Verkrampfung zu achten, dann wird ihm klar, dass er dort ähnlich reagiert. Nur hat er es bisher noch nicht gemerkt, weil er nie darauf geachtet hat. Während der Meditation jedoch wird ihm das Muster deutlich, das ihn prägt. Er stellt fest, dass sich seine Wünsche auch sonst schnell einmal in etwas wandeln, das sich nicht mehr nach Wunsch, sondern nach Pflicht und Druck anfühlt. Im Nachdenken über diese Zusammenhänge wird ihm deutlich, dass viele seiner Wünsche eigentlich daher rühren, es anderen Menschen rechtmachen und zu einer Gruppe dazugehören zu wollen. Will er wirklich, was er will?

Die Erfahrung der Widerstände bei den spirituellen Übungen kann so zu einem Vergrößerungsglas werden, durch das wir viel deutlicher erkennen können, was uns in tieferen Schichten unserer Persönlichkeit ausmacht. In Schichten, zu denen wir im Alltag oft nicht so leicht Zugang haben, die uns aber dennoch prägen. Natürlich müssen es nicht Unlust und Widerstand sein, die uns bei den Übungen entgegenkommen. Der eine merkt, dass er dabei unaufhörlich damit beschäftigt ist, sich selbst zu bewerten. Nie ist ihm seine Meditation gut genug, immer wieder spürt er große Unzufriedenheit mit sich selbst. Vielleicht ist es für ihn an der Zeit, sich mit einer tieferen Unzufriedenheit auch mit dem Rest seines Lebens zu stellen? Die andere ist fortwährend damit beschäftigt, sich mit anderen zu vergleichen; immer gibt es welche, die gelenkiger sind oder mehr Aufmerksamkeit vom Yogalehrer bekommen. Obwohl sie weiß, dass es beim Yoga auf die Wahrnehmung ankommt und nicht auf die Gelenkigkeit und schon gar nicht darauf, dem Lehrer zu gefallen, laufen die Gedanken wie ein kaum zu stoppender innerer Film ab. Vielleicht ein Zeichen für ein Lebensgefühl, das sie sich sonst selten eingesteht: für das Gefühl, zu wenig Aufmerksamkeit bekommen zu haben, oft zu kurz gekommen zu sein?

Dass spirituelle Übungen nicht auf geradem Wege zu innerer Ausgeglichenheit und Harmonie führen, gilt nicht nur für die Meditation, sondern auch für die im letzten Kapitel skizzierte Haltung des ›contemplativus in actione‹. Dabei geht es nicht darum, irgendwie zu erreichen, dass es einem immer gut und alles leicht von der Hand geht. ›Contemplativus in actione‹ ist eine Haltung sich selbst und den Dingen gegenüber, mit denen wir uns gegenwärtig beschäftigen – bedeutet aber nicht, dass wir, um es mit Mihály Csíkszentmihályi auszudrücken, fortwährend im Flow sind.

Der ungarische Wissenschaftler hat eine Theorie entwickelt, die mittlerweile popularisiert und ziemlich verbreitet ist. Er hat untersucht, welche Bedingungen gegeben sein müssen, damit Menschen ein Flow-Erlebnis, ein beglückendes Gefühl des Tätigseins, entwickeln. Kurz gefasst ist seine These, dass das, was man tut, einen wirklich fordern, aber nicht über- und nicht unterfordern muss. Es ist klar, dass die Haltung des ›contemplativus in actione‹ solch beglückende Erfahrungen mit sich bringen kann – aber eben nur dann, wenn die Bedingungen stimmen. Und das ist natürlich nicht immer der Fall. Nicht alles im Leben läuft ja nach Plan. Stimmungsschwankungen können jeden Tag vorkommen, schlechtere Phasen sich auch über einen langen Zeitraum erstrecken. Unsere Fähigkeiten, Flow-Erlebnisse willentlich herzustellen, sind sehr begrenzt. Wenn ich eine Bergtour mache, die herausfordernd, aber nicht zu anstrengend ist, mag es sich einstellen. Wenn ich dieselbe Strecke eine Woche später gehe, kann es schon ganz anders ausschauen. Die Sonne brennt vom Himmel herab, während der Weg durch den Regen verschlammt und mühsam zu gehen ist; Bremsen schwirren um mich herum. Ich verfluche den Entschluss zur Wanderung, wo doch ein Nachmittag auf dem Sofa mit einer neuen Netflixstaffel die deutlich gemütlichere Alternative gewesen wäre.

Wenn wir auf unserem spirituellen Weg also in die Krise kommen, dann ist das ganz normal und liegt in der Natur der Sache. Sie kann ein Zeichen dafür sein, dass wir den richtigen Weg eingeschlagen haben und sich unsere Reise zu uns selbst, zu Gott oder dem Göttlichen oder wie immer man es für sich ausdrücken möchte, einen bedeutenden Fortschritt gemacht hat. Und so, wie es zu uns Menschen gehört, andere zu lieben und mit ihnen mitfühlen zu können, so gehören auch seelische Verletzungen, Kränkungen und Schatten zu jedem Menschen dazu. Wir lernen nun, diese an uns wahrzunehmen und Schritt für Schritt zu überwinden: Es ist nicht so, dass wir diese Verletzungen dann nicht mehr spüren. Die Befreiung besteht vielmehr darin, dass wir sie wahrnehmen und damit auch auszuhalten und akzeptieren lernen. Damit verlieren sie an Kraft und ihre Macht über uns. Dass uns Übungen wie die Mindfulness-Meditation wie von selbst über das beschriebene Stimmungsmanagement hinaus zu einer immer feineren Wahrnehmung unserer Bedürfnisse und Wünsche, aber auch unserer Verletzungen und Kränkungen führen, bringt es mit sich, dass sie sich nur in sehr beschränktem Maß einem bestimmten Zweck unterwerfen lassen. Natürlich klingt es gerade in Wirtschaftskontexten erst einmal sehr verlockend, Herr oder Herrin der eigenen Aufmerksamkeit zu werden, mit hohem Arbeitsdruck gut umgehen und dennoch kreativ tätig sein zu können. Aber ein solches Versprechen wird durch die Meditation nur sehr indirekt eingelöst. Übungen aus den spirituellen Traditionen von Religionen führen einen immer auch zum Kern der eigenen Persönlichkeit, hinein in unser vielschichtiges Innenleben.

Einer der ersten Konzerne, der die Meditation für alle Mitarbeiter eingeführt hat, ist Google. Unter dem Titel ›Search Inside Yourself‹, also ›Suche in dir selbst‹, hat Google ein eigenes Programm entwickelt, das mittlerweile weltweit vermarktet wird. Auch in Deutschland kann man sich als ›Search Inside Yourself‹-Trainerin ausbilden lassen. Allerdings mit einem wichtigen Vorbehalt: Wenn die Meditation dunkler werden sollte, möge man damit aufhören. Chade-Meng Tan, der Begründer des Programms, erzählt in seinem Buch, dass er aufgefordert wurde, eine der klassischen Übungen des Buddhismus, die Tonglen-Übung, zu streichen. Bei dieser sehr hilfreichen Übung, die es in mehreren Varianten gibt, geht es darum, sich bei jedem Einatmen vorzustellen, das Dunkle in einem anderen Menschen, mit dem man Schwierigkeiten hat, oder auch das Leid in der Welt in seine eigene Herzgegend aufzunehmen. Beim Ausatmen möge man diese Dunkelheit dann in Liebe und Licht verwandelt wieder in die Welt hinaussenden. Zwar berichtet Tan in seinem Buch nur davon, dass sich einige Kursteilnehmer gegen diese Übung gesperrt haben, aber ich gestehe, dass ich aufgrund ähnlicher Berichte aus der Silicon-Valley-Leistungsspiritualität eine ganz klare Fantasie habe: Den Google-Chefs war das zu viel. Solange Meditation das Leben ausschließlich schöner macht und die Mitarbeiterinnen und Mitarbeiter trotz Arbeitsdruck kreativ bleiben, ist alles gut. Aber dass sie mit tieferen, auch schmerzhaften Schichten der eigenen Persönlichkeit in Kontakt kommen, dadurch womöglich ihre Funktionalität bei der Arbeit beeinträchtigt wird und sie anfangen, sich grundsätzlichere Fragen zu stellen – das will ein Konzern dann doch auf keinen Fall. Doch eine solche Meditation ist nicht mehr als Kosmetik. Und immer wenn ich Bilder oder YouTube-Videos sehe, auf denen junge, gutaussehende Menschen mit einem seligen Lächeln im Gesicht meditieren, dann weiß ich genau, sie tun nur so.

Solche Versuche einer Verzweckung haben mit echter Meditation nur die Form gemeinsam. Wenn in unseren eigenen Kursen Meditation und Selbstwahrnehmung eine zentrale Rolle spielen, dann weil ich davon überzeugt bin, dass eine gute Führungskraft nur jemand sein kann, der mit sich selbst als ganzer Mensch im Reinen ist. Wer mit sich selbst im Reinen ist, ist frei, sich in den Dienst einer

Sache zu stellen. Und Meditation ist über Wahrnehmung und Integration auch der verletzten Seiten der eigenen Persönlichkeit der beste Weg, um diesem Ziel näherzukommen. Bei einigen, meiner bisherigen Erfahrung nach sehr wenigen, kann dieser Prozess sogar dazu führen, das Unternehmen zu verlassen. Bei anderen führt die Meditation zu einer neuen Klarheit darüber, dass man trotz aller Widrigkeiten dort am richtigen Ort ist. Und aus dieser neuen Klarheit erwächst dann die Kraft, auch schwere Zeiten durchzutragen. Das ist im Arbeitsleben nicht anders als in Beziehungen.

Innerhalb der religiösen Literatur werden die anstrengenden Phasen manchmal als ein Kampf mit Dämonen beschrieben. Vielleicht haben Sie schon mal einen asiatischen Tempel gesehen, an dessen Eingang furchteinflößende steinerne Wächter stehen. Bevor man in das Innere des Tempels zum eigentlichen Heiligtum und zur Gottheit kommt, muss man sich – das ist die Idee dahinter – diesen Kriegern stellen. Die Dämonen und die dunklen Tempelhüter sind dabei aber keine uns fremden, äußeren Kräfte, die uns nun angreifen, weil wir meditieren. Sie sind Bilder unserer inneren Dunkelheit, mit denen wir uns auseinandersetzen müssen, um den spirituellen Weg weitergehen zu können. In psychoanalytischer Perspektive wird man solche Phasen anders beschreiben – je nach Schule als Erfahrung des Verdrängten oder auch als Erfahrung unseres Schattens. Aber auch in diesen Traditionen ist deutlich, dass menschliches Reifen oder, wie Carl Gustav Jung sagte, Individuation durch solche Phasen wächst.

Den Mut und die Kraft, sich den Wächtern oder Dämonen zu stellen, bekommen wir durch unsere Sehn-

.t. An ihr gilt es dranzubleiben und sich von ihr tragen ᴢ. lassen. Wenn wir einen Tempelbau als Abbild unseres inneren Lebens verstehen möchten, dann wäre es die Sehnsucht nach dem Heiligtum, die uns in diesen Phasen leitet. Eine Übung, die diese Haltung veranschaulichen kann, habe ich bei dem indischen Jesuiten Anthony de Mello gefunden. Sie besteht in dem Versuch, immer wieder auf die Stille zu lauschen und mit der Aufmerksamkeit darin zu bleiben. Damit sind nicht die seltenen Momente gemeint, in denen tatsächlich gar nichts oder kaum etwas zu hören ist. Meistens hört man ja etwas, ob Geräusche von außen oder Geräusche unseres eigenen Körpers wie ein leises Klingeln in den Ohren oder das Rauschen des Blutes darin, wenn es tatsächlich draußen einmal sehr still sein sollte. Auch alle inneren Geräusche, der Gedankenlärm und die Bilder, die in unser Bewusstsein treten, wenn wir uns einmal um die Stille bemühen, gehören dazu. Die Übung besteht darin, sich auf etwas hinter allen Geräuschen auszurichten: auf die große Stille in und hinter allem. Eine Stille, eine Sanftheit und ein Frieden, der immer für uns verfügbar ist, selbst im größten Verkehrslärm.

Schwierige Phasen auf unserem spirituellen Weg, den uns die Sehnsucht weist, sollten uns also ermutigen, furchtlos an den Wächtern und Dämonen vorbei zum Ziel voranzuschreiten! Sicher kann es helfen, sich dann einem in der Spiritualität erfahrenen Menschen anzuvertrauen. Manchmal hilft auch therapeutische Begleitung weiter. Der entscheidende Schritt ist allerdings immer die Bereitschaft zur Wahrnehmung unserer Schatten. Und andere Menschen werden es uns danken, wenn wir unsere dunklen inneren Impulse aushalten lernen, anstatt sie wie die Yogis im Café nach außen zu tragen. Aber darüber habe ich in einem anderen Buch geschrieben ...

KAPITEL 8

Verbundenheit erfahren

Die Sehnsucht trägt uns nicht nur in den sperrigen Phasen unseres spirituellen Lebens. Sie leitet auch unsere Suche an, weist uns wie ein Kompass die Richtung, während wir unser Ziel erst einmal nur vage erspüren.

Einen Hinweis auf dieses Ziel kann uns wieder einmal Platon geben. Für Aristophanes in seinem *Symposion* ist ja ganz klar gewesen, was das ist: unsere Ganzheit wiederzuerlangen. Wir erinnern uns: Wir Menschen sind einst durch ein traumatisches Erlebnis von unserer anderen Hälfte getrennt worden. Wir suchen etwas, das unseren existenziellen Mangel behebt und alle Wunden heilt, und das ist der andere Mensch, der ursprünglich zu uns gehörte. Diese ursprüngliche Ganzheit ist das Ziel unserer Sehnsucht. Durch die Vereinigung mit einem anderen Menschen gewinnen wir sie wieder.

Wir sind aber ja schon darauf aufmerksam geworden, dass Platon an der Aristophanesrede kein gutes Haar lässt. So auch hier: Aristophanes irre, lässt er seinen Sokrates sagen. Es sei nicht die Ganzheit, sondern eine Erfahrung von Einheit, die wir suchten. Unsere Sehnsucht, so könnte man mit Platons Sokrates sagen, zielt auf Erfahrungen von Einheit. Wenn wir ihnen auf der Spur bleiben, dann haben wir damit einen guten Wegweiser zur Vertiefung unserer Spiritualität.

Im *Symposion* führt Sokrates aus, dass das Ziel der Sehnsucht die Erfahrung der Einheit mit der Idee des Schönen ist. Interessant dabei, dass sie nicht beispielsweise auf die Idee des Guten oder der Gerechtigkeit zielt, was zwei wichtige Ideen in anderen Werken Platons sind. Aber es ist das Schöne, das uns bewegt, anzieht und unsere Sehnsucht weckt.

Platon holt dazu weit aus. Je nachdem, in welchem Lebensalter man sich befände, suche und finde man die Schönheit in anderen Dingen. In der Pubertät suche man sie in der Sexualität, erlebe körperliche Schönheit besonders intensiv. Entsprechend richte sich die Sehnsucht auf die körperliche Vereinigung mit dem anderen Menschen. Wenn man dann älter wird, sei es nicht mehr so sehr die körperliche, sondern die charakterliche Schönheit eines Menschen, die fasziniere. Man möchte mit dem anderen nicht mehr in erster Linie sexuell zusammen sein, sondern um von ihm zu lernen, was es heißt, ein gutes Leben zu führen und ein guter Mensch zu werden. In der Mitte des Lebens dann, wenn sich unser Charakter geformt hat, sei es weniger ein anderer Mensch, der unsere Sehnsucht nach Schönheit anziehe, sondern vielmehr die Theorie, die Wissenschaft – Platon denkt dabei natürlich vor allem an die Philosophie. Dieser Gedanke mag für uns schwerer nachzuvollziehen sein, aber in der Tat sprechen ja selbst

Mathematiker davon, dass ein Beweis nicht einfach nur richtig sein muss. Sie charakterisieren Theorien mit ästhetischen Eigenschaften. Ein guter Beweis ist nicht nur richtig, sondern auch elegant, einfach und schön. Wer nun, so meint Platon, sich viele Jahre in einer Lebensgemeinschaft mit anderen Philosophen mit der geistigen Schönheit von Theorien beschäftigt hat, dem kann es widerfahren, dass er plötzlich die Idee des Schönen selbst schaut. In dieser geistigen Schau weiß er, so Platon, dass er am Ziel seiner langen Suche angekommen ist. Die Erfahrung ist mit überwältigendem Glücksgefühl verbunden. Erst hier wird das Leben wahrhaft lebenswert. Erst hier versteht er, was er sein ganzes Leben lang eigentlich gesucht hat. Er weiß sich von den Göttern geliebt und dass er den Tod nicht zu fürchten braucht, weil er selbst unsterblich ist.

Platons Erfahrung enthält viele Elemente, die auch religiöse Mystiker in Bezug auf tiefe spirituelle Erfahrungen erwähnen. Auch in ihren Schriften heißt es, dass in der Einheit mit Gott oder dem Göttlichen das Ziel einer langen Suche erreicht ist. Man kann sich durch Übungen auf diese Erfahrung vorbereiten. Die Erfahrung selbst kommt dann aber ganz plötzlich, von einem auf den anderen Moment. Man kann sie nicht erzwingen oder willentlich herbeiführen. Die Erfahrung verändert die eigene Perspektive ebenso wie die Deutung des bisherigen Lebens und hat Auswirkung auf unsere Angst vor dem Tod. Der Tod verliert an Schrecken, weil sie die Zuversicht gibt, dass unser Sterben nur ein Durchgang zu einer anderen, besseren Art des Lebens ist.

Die Erfahrung der Einheit meint, dass die Trennung zwischen uns Menschen, der Natur und dem Universum,

ja selbst die Unterschiede zwischen uns und Gott oder
dem Göttlichen aufgehoben sind. Das mag zunächst sehr
fremd und nach einer steilen These klingen, aber wir können auch in unserem Alltag Erfahrungen machen, die in
dieselbe Richtung gehen. Die Grenze zwischen profanen
Alltagserfahrungen und tiefen spirituellen Erlebnissen
ist unscharf.

Der Philosoph William James hat, um diese Einheits-
erfahrung auch Menschen deutlich zu machen, denen
Spiritualität und Religiosität ganz fremd sind, ein Bild
gefunden, das mir sehr sympathisch ist: So wie auf einer
Feier der Alkoholkonsum bewirkt, dass die Grenzen zwischen den Feiernden mit zunehmender Dauer des Festes
verschwinden und man sich eins mit der Gemeinschaft
fühlt, so führen auch spirituelle Erfahrungen zu Erfahrungen von Einheit und Geborgenheit.

Vielleicht haben Sie, verehrte Leserin und verehrter
Leser, solche Erfahrungen von Einheit auch schon einmal gemacht, selbst wenn Sie sie nicht so betrachtet oder
genannt haben. Vielleicht würden Sie eher von einem Gefühl der Zugehörigkeit oder Verbundenheit sprechen. Die
Erfahrung, dass sich die Grenzen zwischen uns Menschen
auflösen und wir miteinander verbunden sind – bei einer
eindrücklichen Begegnung, einem tiefen Gespräch oder
auch in der sexuellen Vereinigung.

Denken Sie an ein Gespräch mit jemandem, den Sie
länger nicht gesehen, aber sehr gern haben. Zunächst hat
man sich viel zu erzählen, jeder von sich. Dann mag es sich
ergeben, dass man über ein Thema ins Gespräch kommt,
das beide sehr bewegt. Die Gedanken werden ruhiger,
schwingen weiter aus, das Gespräch wird tiefer und mün-

det in ein lebendiges Schweigen. Vielleicht geht man ruhig nebeneinander her, vielleicht blickt man sich an und weiß sich miteinander verbunden. Viele Menschen machen derartige Erfahrungen auch, wenn sie in der Natur sind. Während einer Antarktisexpedition schreibt der norwegische Schriftsteller Erling Kagge in sein Tagebuch, dass der Schnee, das Eis, der Horizont, die Kälte, die Wolken und die Sonne nach und nach ein Teil von ihm geworden seien. Die Natur und der Körper seien zu einer höheren Einheit verschmolzen. Man muss keine Expedition unternehmen, ein Spaziergang im Park oder ein Nachmittag im Garten tut es auch: Es ist die Erfahrung, dass die Natur, ein Baum, ein Vogel, ja selbst sanft herabfallender Schnee etwas sein können, das zu uns gehört, weil wir etwas mit ihm gemeinsam haben, ohne dass wir genau wissen oder benennen könnten, was es ist. Wir spüren die Wirkung, die Resonanz, die die Natur in unserem Inneren auslöst und erleben uns mit ihr verbunden als Teil eines umfassenden Ganzen.

Vielleicht gehören Sie zu denjenigen, die das japanische Shinrin Yoku praktizieren, zu deutsch: Waldbaden. Im Grunde ist damit nichts anderes gemeint, als einen ruhigen Spaziergang im Wald zu machen, bei dem wir versuchen, den Wald mit all unseren Sinnen zu erleben. Uns vielleicht einmal auf den Boden zu legen und die Bäume von unten zu betrachten. Zu riechen, zu schauen, vielleicht auch zu tasten, falls uns das nicht zu albern vorkommt. Der Trend hat einige Beachtung gefunden, weil das aufmerksame Spazieren im Wald Gegenstand wissenschaftlicher Forschung geworden ist und man beispielsweise zeigen kann, dass es unseren Glukokortikoidspiegel senkt,

wir also Stress abbauen, und auch unser Immunsystem
gestärkt wird. Interessanterweise steigt diese Wirkung
deutlich, wenn wir unser Handy dabei zu Hause lassen
und wenn wir allein unterwegs sind. Auch die Übung des
Spazierens im Wald kann uns also ein Gefühl der Verbundenheit, der Zugehörigkeit und der Einheit vermitteln.
Mich selbst fasziniert Ikebana. Ein vollendetes Ike-
bana-Gesteck, jedenfalls so, wie es in Japan praktiziert
wird, bringt das Leben und den Charakter der Blume in
künstlerisch überhöhter Form zum Ausdruck. Vorausset-
zung dafür ist, dass man in einen inneren Dialog mit der
Pflanze tritt und sich auf sie und ihre Eigenart einlässt.
Ohne eine tiefe Verbundenheit mit der Pflanze wird man
ihren Charakter nicht erspüren.

Manche Menschen machen Erfahrungen von Verbundenheit und Zugehörigkeit eher in der Betrachtung
von Kunstwerken oder beim Musikhören. Dabei geht es
weniger um die Erfahrung, dass Musik oder Kunst in uns
Gefühle oder Gedanken auslöst, sondern dass wir über
das Einlassen auf eine Musik oder ein Kunstwerk Aspekte
unseres inneren Lebens kennenlernen, die uns sonst unzu-
gänglich gewesen wären. Martin Schleske, ein bekannter
Geigenbauer und Buchautor, hat es einmal so ausgedrückt:
Das Besondere an der Musik ist nicht so sehr, dass wir sie
verstehen können, sondern dass wir die Erfahrung machen, durch die Musik verstanden zu werden. Wir wissen
uns in ihr und von ihr aufgehoben. Als ich eine befreun-
dete Künstlerin, Misayo Kawashima, gebeten habe, für
dieses Buch Kalligrafien zu schreiben, ging es mir nicht
darum, einem Buch über Spiritualität einen asiatischen
Touch zu geben, der momentan ja ziemlich in Mode ist.

Vielmehr ist das Betrachten der Kalligrafien eine andere Weise, sich den Themen des Buches zu nähern und mit unserer Sehnsucht in Kontakt zu kommen. Nehmen Sie sich die Zeit, sie zu betrachten, der Resonanz nachzuspüren, die sie in ihnen auslöst. Wenn wir unserer Sehnsucht folgen und der Spiritualität in unserem Leben Raum geben, geht es also nicht nur darum, eine Meditations- oder Yogapraxis zu vertiefen. Für manche von Ihnen geht es darum vielleicht kaum oder gar nicht. Ich kenne Menschen, Künstler zum Beispiel, zu denen ein regelmäßiges Üben einfach nicht passt und die nie ein Yogastudio oder ein Meditationshaus betreten würden, die aber Erfahrungen von Verbundenheit und Einheit auf der Spur sind, wie ich sie in diesem Kapitel beschrieben habe. Sie haben den Mut, ihrer Sehnsucht zu folgen und sind sehr spirituelle Menschen mit einer großen Ausstrahlung und einem großen Herzen.

Umgekehrt stehen viele, die regelmäßig meditieren oder Yoga praktizieren, vor der besonderen Herausforderung, dabei nicht in stumpfe Routine zu verfallen, einfach ein Übungsprogramm durchzuziehen. Die Kraft und Motivation zu den spirituellen Übungen sollte langfristig nicht aus einer puren Willensentscheidung, sondern tatsächlich von der Sehnsucht herrühren. Ich kenne aus der Begleitung einige, die zwar darin geübt sind, Stunde um Stunde zu meditieren, oder deren Yogapraxis immer geschmeidiger wird, bei denen sich aber menschlich kaum etwas verändert und die durch die Übungen eher hart und unleidlicher werden. Der Grund liegt auf der Hand: Sie wollen nicht wirklich in Kontakt mit ihren Verletzungen und Sehnsüchten kommen. Auch für sie kann die Meditation durchaus anstrengend sein. Aber nicht, weil sie ihre Dunkelheit anschauen und akzeptieren lernen, sondern weil sie viel Kraft aufwenden, um die inneren Impulse abzuwehren und nicht ins Bewusstsein treten zu lassen. Gerade für sie kann es sehr hilfreich sein, eine Zeit lang mit der Praxis aufzuhören und in anderen Lebensbereichen neu mit der Sehnsucht in Kontakt zu kommen, um diese dann wieder mit in die Übungen zu nehmen. Vielleicht erfahren sie dann auch, was mir selbst in der Meditation so wertvoll ist: Dass die Spiritualität ein Ort ist, an dem man einfach nur der sein kann, der man wirklich ist. Ohne, wie im Alltag doch so häufig, auf andere Menschen Rücksicht nehmen zu müssen, sich zu kontrollieren oder den Druck zu spüren, dass man eigentlich besser anders denken oder fühlen sollte, als man gerade denkt und fühlt.

Je nachdem, was für Sie, verehrte Leserin und verehrter Leser, passt: Es geht darum, den Mut zu haben, sensibel zu bleiben und herauszufinden, was in unserem Alltag auf unsere Sehnsucht antwortet. Unsere Erfahrungen von Verbundenheit und Zugehörigkeit sind dafür eine gute Spur.

Lassen Sie mich mit einem persönlichen Beispiel für die Einheit von uns Menschen und Gott meine Überlegungen abschließen. Ein enger Freund von mir ist Jesuit wie ich. Nachdem er zum Priester geweiht wurde, ist er der Tradition gefolgt, denjenigen, die möchten, einen besonderen Segen zu geben. Dazu kommen die Gläubigen am Ende eines Gottesdienstes einzeln nach vorne, der Priester legt jedem die Hände auf und spricht dabei ein kurzes Gebet. Die Atmosphäre ist oft sehr dicht und intim. Manche beginnen auch zu weinen. In die Schlange der

Wartenden eingereiht hatte sich auch ein junger Mann mit Down-Syndrom. Als er vor meinem Freund stand und dieser schon dabei war, ihm die Hände aufzulegen, wehrte der Mann überraschend ab, trat aber vor meinen Freund hin und legte ihm sanft seine Hände auf. Dazu sagte er: »Pater – Du in Christus. Christus in Dir.« Ich finde es berührend, wie der junge Mann mit diesem Bild aus meiner eigenen Tradition die Art der Einheit und Verbundenheit nicht nur meines Freundes als damals jungem Priester, sondern jedes Menschen mit Gott zum Ausdruck gebracht hat. Auch, wenn wir es nicht immer so erleben mögen, ist unser ganzes Leben in Gott geborgen, weil Gott selbst in uns lebt. Womit wir beim nächsten Kapitel wären ...

Licht

KAPITEL 9

Die eigene spirituelle Identität finden

Dass das Thema Spiritualität und entsprechende Übungen wie Yoga und Meditation mittlerweile auf großes Interesse stoßen, spiegelt sich auch in der Wissenschaft. In den sogenannten kontemplativen Neurowissenschaften werden die Wirkungen einer spirituellen Praxis auf unser Gehirn untersucht. Die Anzahl der Publikationen ist seit der Jahrtausendwende sprunghaft angestiegen. Gab es zwischen 1970 und 2000 kaum mehr als zehn oder 20, vielleicht einmal 50 Artikel pro Jahr, sind allein 2016 über 1 000 wissenschaftliche Publikationen veröffentlicht worden. Tendenz steigend. Die Zahl der Studien stieg enorm an, als auf Anregung des 14. Dalai Lamas Tenzin Gyatso hin Mönche, Nonnen und Yogis aus Tibet und Indien in die amerikanischen Universitäten reisten und in dortigen Forschungslaboratorien ihre Hirnströme während der Meditation messen und auswerten ließen. Die Ergebnisse sind beeindruckend. Menschen, die ihr ganzes Leben der Meditation widmen, sodass sie zwischen 27 000 und 62 000 Stunden Meditationserfahrung gesammelt haben, können beispielsweise ihre Aufmerksamkeit über Stunden konstant halten. Sie spüren Körperschmerzen zwar wie wir alle, aber es gibt keine antizipierenden Angstreaktionen. Zum Vergleich: Ich kam, als ich neugierig nachgerechnet habe, auf knapp 5 000 Stunden Meditation und habe immer noch deutlich mehr Respekt vor einem Zahnarztbesuch als angemessen wäre ...

Die Forschungen zeigen aber noch mehr, denn die spirituellen Übungen verändern auch den Charakter. Großzügigkeit, Geduld, Mitgefühl, Toleranz, Lebensfreude und eine Leichtigkeit des Daseins sind einige der Eigenschaften, die sich bei Meditierenden weiterentwickeln und vertiefen. Manche Wissenschaftler weisen allerdings selbst darauf hin, dass die Deutung dieser Ergebnisse problematisch sein kann. Sie suggerieren, dass Menschen ein spirituelles Leben führen, damit sie bestimmte Fähigkeiten erlernen und Charaktereigenschaften ausprägen, die ihnen hilfreich und wünschenswert zu sein scheinen. Dies aber würde dem Selbstverständnis der untersuchten Mönche, Nonnen und Yogis widersprechen. Ihnen geht es darum, etwas, das es in ihnen und in jedem Menschen gibt, zur Entfaltung zu bringen. Das Sanskritwort *bhavana*, das im Deutschen meist mit ›Meditation‹ übersetzt wird, heißt eigentlich ›Kultivierung‹. In der Spiritualität geht es nicht um etwas Neues, sondern um die Kultivierung von etwas, das in uns Menschen angelegt ist, das zu uns gehört und sich in unserem Leben entfalten möchte. Es geht um etwas, das man die spirituelle Identität von uns Menschen nennen könnte.

In Platons *Symposion* haben wir bereits ein Beispiel dafür kennengelernt. Derjenige, der die Idee des Schönen schaut, macht ja nicht nur eine Erfahrung mit der Idee des Schönen, sondern auch mit sich selbst. Er erlebt, wir erinnern uns, dass er von den Göttern geliebt ist, und weiß durch die Erfahrung der Schau, dass er selbst unsterblich ist. Das Wissen darum, dass es in ihm selbst etwas Unsterbliches gibt, hat er, weil auch die geschaute Idee des Schönen ewig ist. Die Idee des Schönen hat die Eigenschaft, ewig zu sein, nie zugrunde gehen zu können, und diese Eigenschaft gibt es auch in demjenigen, der die Idee schaut.

Mit der Auffassung, dass es in uns Menschen etwas gibt, das entdeckt und entfaltet werden kann und das uns mit Gott, dem Göttlichen verbindet, weil es Gott und dem Göttlichen wesensgleich ist, sind wir im Zentrum der Spiritualität innerhalb einer Religion. Die zunächst sehr abstrakt und lebensfern wirkende Lehre von der Trinität aus meiner eigenen christlichen Tradition, das heißt die Auffassung, dass Gott zwar einer, aber dreifaltig ist, ist ein gutes Beispiel dafür. Gott ist nicht nur als Gott-Vater der Schöpfer des Universums, sondern lebt und betet auch als Heiliger Geist in uns. Man könnte die christliche Meditation so beschreiben, dass die Meditierende dabei wahrnimmt, wie Gott als Heiliger Geist in uns zu Gott dem Vater betet. Ein christlicher Mystiker wie Meister Eckhart spricht dabei vom Seelenfunken in jedem Menschen, und mit dem Seelenfunken meint er Gott selbst, der in uns lebt.

Das Bild vom Funken macht auch die Dynamik dieser Erfahrung deutlich, dass nämlich etwas in uns zum Brennen kommen will und von sich aus zur Entfaltung drängt. Der Barocklyriker Angelus Silesius dichtet mit Blick auf das Weihnachtsfest:»Wird Christus tausendmal zu Bethlehem geboren und nicht in Dir – Du bleibst noch ewiglich verloren.« Dag Hammarskjöld greift denselben Gedanken in seinem Tagebuch auf, wenn er 1953 notiert: »Nicht ich, sondern Gott in mir.« Ein ähnlicher Gedanke findet sich im Buddhismus, wenn von der Buddhanatur oder dem Buddhakeim die Rede ist, der die Identität jedes Menschen ausmacht und der in einem spirituellen Weg entdeckt und entfaltet wird. In den Upanishaden des Hinduismus ist davon die Rede, dass Atman, der Atem, in unseren Herzen lebt und identisch mit Brahman ist, dem Urgrund von allem. Die Identität des Menschen ist es also, der Urgrund von allem zu sein. Die verschiedenen religiösen Traditionen stimmen darin überein, dass das Innerste in jedem Menschen der Ort ist, in dem wir Gott oder das Göttliche finden können. Alle Menschen haben es gemeinsam und sind darüber miteinander verbunden – ohne dass Gott und das Göttliche freilich darin aufgehen, nur im Innersten der Menschen zu sein.

Auch wenn Sie Erfahrungen aus den örtlichen christlichen Kirchengemeinden mitbringen, mögen Ihnen meine Überlegungen erst einmal fremd vorkommen. Die Meditation kommt in den Volkskirchen so gut wie nie zur Sprache. Die wenigsten Priester oder Pastorinnen, aber auch deren Ausbilder, die Universitätsprofessoren, haben ernsthafte Meditationserfahrungen. Die Verwissenschaftlichung großer Teile der Theologie im universitären Umfeld hat mit dazu beigetragen, spirituelle Erfahrungen nicht als Kern der Religion, sondern als eine wissenschaftlich kaum zur Kenntnis genommene Randerscheinung zu sehen. Aber es gibt diese Tradition, vor allem in einigen Klöstern, die teilweise eigene Exerzitien- oder Meditationshäuser betreiben. Auch im deutschsprachigen Raum wachsen dort Angebote für Tage oder Wochen, in denen man sich zurückziehen und das Meditieren einüben kann. Und je tiefer die Meditationserfahrungen werden, desto wichtiger wäre es, eine Theologie zu haben, in der die zentralen Glaubensinhalte Ausdruck der Spiritualität, ein sprachlicher Ausdruck religiöser Erfahrung sind.

Ob eine Universität für die Entwicklung einer solchen Theologie allerdings das geeignete Umfeld bieten kann, wage ich zu bezweifeln. Wenn sich die Wissenschaft beispielsweise mit dem Weihnachtsfest beschäftigt, dann lernt man viel darüber, dass sich die Zeugung ohne Mann und die darauffolgende Geburt aus einer Jungfrau nicht nur in biblischen Texten finden. Auch von anderen herausragenden Persönlichkeiten in der Antike wurde behauptet, sie seien direkt von einem Gott gezeugt und von einer Jungfrau geboren. Diese Beobachtung legt nahe, dass dies einfach eine historisch übliche Art war, eine Geschichte von einer bedeutenden Person zu erzählen. Ein biologisches Verständnis der Jungfrauengeburt war also von den biblischen Autoren womöglich nicht intendiert, und es wäre ein Missverständnis, den Weihnachtstext so zu lesen. Natürlich ist das ein interessantes Ergebnis, weil es einen möglichen Widerspruch zwischen unserem naturwissenschaftlich geprägten Weltbild, für das Jungfrauengeburten völlig ausgeschlossen sind, und dem Weihnachtstext auflöst. Aber das Ergebnis berührt nicht unser Herz und unsere Sehnsucht. Wie weit sind wissenschaftliche Fragestellungen entfernt von dem, was der eben erwähnte Angelus Silesius über das Weihnachtsfest sagt! Eine Fragestellung wie die, was es heißt, dass Gott in uns geboren werden soll, hat im universitären Kontext

kaum Platz. So, wie in der biblischen Weihnachtserzäh-
lung der Engel Gabriel der Jungfrau Maria verkündet,
sie werde vom Heiligen Geist schwanger werden, so ist
auch jedem von uns vom Heiligen Geist göttliches Leben
eingehaucht worden, das in uns zur Entfaltung kommen
möchte. Das ist die eigentlich bedeutsame Botschaft, wenn
man das Weihnachtsfest verstehen lernen möchte.

Die Entfaltung dieses Gottes in mir, des Seelenfunkens oder Buddhakeims in unserem Leben, kann man
nicht forcieren. Gerade das Bild des Keims macht das sehr
deutlich. Uns bleibt, dafür zu sorgen, dass der Keim einer
Pflanze einen guten Boden und genug Wasser hat, aber den
Wachstumsprozess selbst können wir nicht künstlich be-
schleunigen. So auch im spirituellen Leben: Regelmäßige
Übungen sind wichtig, aber uns selbst bleibt eigentlich
nichts, als der natürlichen Entfaltung des Seelenfunkens
oder Buddhakeims geduldig zuzuschauen und ihm mög-
lichst wenig Hindernisse in den Weg zu stellen. Gute Rah-
menbedingungen für das Wachstum sind regelmäßige
Übungen. Aber auch eine alltägliche Lebensführung, die
den im letzten Kapitel besprochenen Erfahrungen von
Einheit und Verbundenheit folgt, kann helfen, ebenso wie
– so weit es an uns liegt – die Vermeidung von Konflikten,
die im Kern um Gier, Macht, Stolz oder Neid kreisen. Rai-
ner Maria Rilke brachte diese geduldige Haltung in einer
Notiz auf den Punkt:»Man muss den Dingen die eigene,
stille, ungestörte Entwicklung lassen, die tief von innen
kommt, und durch nichts gedrängt oder beschleunigt werden kann; alles ist austragen – und dann gebären.«

Wie wir gesehen haben, gehen die spirituellen Traditionen jeder Religion davon aus, dass unsere wahre Iden-

tität nicht in unserer individuellen Persönlichkeit oder in unserem Charakter zu finden ist. Auch nicht in all dem, was wir denken, was wir für richtig halten und wofür wir einzustehen bereit sind, in unseren Vorlieben, Geschmäckern, Beziehungen, Erinnerungen oder gesellschaftlichen Rollen. Natürlich auch nicht in unserem Gefühlsleben. Sondern in unserer spirituellen Identität.

Die Erfahrung der Meditation legt eine solche Sicht auf uns Menschen nahe. Aber sie lässt sich vielleicht auch für Menschen nachvollziehen, die sie noch nicht gemacht haben. Denn alles, was wir in uns vorfinden, können wir wahrnehmen: Unsere Gedanken, Fantasien, Vorlieben, Ängste, Sorgen und Freuden. Wenn und solange wir sie aber wahrnehmen, sind wir mehr als alles, was wir wahrnehmen. Indem wir unsere Gedanken und Gefühle wahrnehmen, identifizieren wir uns nicht mit ihnen, sondern mit dem Teil von uns, der wahrnimmt. Natürlich kann es nach wie vor Momente im Leben geben, in denen wir von bestimmten Gedanken und Gefühlen vollkommen in Beschlag genommen werden. Denken wir an etwas, das uns große Angst oder Sorge bereitet. In manchen Augenblicken fällt es uns schwer, die über uns hereinbrechenden Gedanken und Gefühle einfach nur wahrzunehmen und ihnen gegenüber eine freie innere Haltung zu behalten. Aber das kann man üben. Und wer seine Ängste und Sorgen wahrnehmen kann, nimmt ihnen damit viel von ihrer destruktiven Energie.

Es geht in den spirituellen Übungen also nicht darum, etwas zu erwerben, was man noch nicht kann, aber gerne können würde, sondern letztlich darum, unserer spirituellen Identität Zeit und Raum zu geben, sich in uns zu entfalten, sodass wir immer umfassender aus ihr heraus leben. Diese Dynamik ist es, die dann zu der von der Forschung beschriebenen Veränderung unseres Charakters führt. Die Entfaltung unserer spirituellen Identität führt zu einem immer umfassenderen Glück und einer immer umfassenderen Liebe. Wir erinnern uns an den islamischen Mystiker und Dichter Rumi: »Der Lohn der Religion besteht aus Liebe.«

Dass unser tiefstes Glück, womit ich an dieser Stelle Leichtigkeit und Lebensfreude meine, und eine immer umfassendere Liebe zusammengehören, dass die beiden sich zueinander wie zwei Seiten einer Medaille verhalten, können Sie sich auch ohne tiefe spirituelle Erfahrungen deutlich machen. Fragen Sie sich selbst, was ihr Leben oft schwer und unglücklich macht, was die Ursachen von Ärger und Zorn, von Trauer, Missgunst, Neid und allen negativen Gefühlen sind. Es werden häufig andere Menschen sein. Das, was uns belastet, lässt sich in vielen Fällen auf andere Menschen zurückführen. Und wenn wir uns über andere Menschen heftig ärgern, wenn wir uns betrogen und ungerecht behandelt fühlen, dann sind wir nicht in der Lage, diese Menschen zu lieben. Die Menschen, die uns Unrecht tun oder auf andere Weise das Leben schwermachen, machen uns selbst hart, unzufrieden, aggressiv. Wir leiden unter ihnen, aber mehr noch leiden wir unter dem, was sie in uns auslösen. Es sind die negativen Gefühle in uns, die unserem Glück entgegenstehen.

Wenn unsere Liebe nun aber umfassender wäre, wenn wir auch diejenigen lieben könnten, die wir eigentlich ablehnen, wenn unsere Liebe nicht nur den Menschen gelten würde, die wir sympathisch finden und mit denen wir uns verbunden wissen, sondern wir sie universell auf alle Menschen ausdehnen könnten, dann wäre ein wichtiges Hindernis für unser Glück aus dem Weg geräumt. Die bereits erwähnte Metta-Meditation führt uns ebenso auf diesen Weg wie das Gebot, nicht nur Gott, uns selbst und den Nächsten, sondern auch unsere Feinde zu lieben. Und aus dieser Perspektive ist das Gebot auch gar keine moralische Forderung mehr, die kaum zu erfüllen ist, sondern ein Versprechen, das die Möglichkeit eines glücklicheren Lebens aufzeigt. Denn wirkliches Glück und die Ablehnung des Lebens anderer, Lebensfreude und Gefühlskälte gegenüber anderen Menschen, das geht nicht zusammen.

Manchmal sind es aber gar nicht andere Menschen, sondern die Lebensumstände, an denen wir leiden und die unserem Glück im Weg stehen. Großes Unglück und Schicksalsschläge können über uns kommen, für die wir niemand anderen sinnvoll zur Verantwortung ziehen könnten. Gleichwohl machen diese Geschehnisse es uns sehr schwer, unser Leben umfassend zu bejahen.

Auch die Antworten, die spirituelle Traditionen auf solche Erfahrungen von tiefem Leid geben, haben denselben Kern: Unser Unglück betrifft niemals unsere ureigene spirituelle Identität. So ist sie es, auf die wir setzen können. In buddhistischen Traditionen heißt es beispielsweise, dass alle unsere Leiderfahrungen nur unser Ego betreffen. Dieses Ego aber, für das es charakteristisch ist, unsere Erfahrungen zu bewerten und in ›gut für mich‹ oder ›schlecht für mich‹ einzuteilen und die Realität nicht akzeptieren zu wollen, gilt es zu überwinden und seiner Illusion zu berauben. Menschen mögen vielleicht glauben, dass sie nicht mehr als ihre Gefühle, Gedanken, Meinungen oder Erinnerungen sind. Darin irren sie sich aber. Das, was den Menschen eigentlich ausmacht, ist seine spirituelle Identität, und Leiderfahrungen können ein Anlass sein, sie zu suchen, auf sie zu stoßen und sich ihrer bewusst zu werden.

Die christliche Tradition betont einen anderen Aspekt. Ziel ist nicht die endgültige Freiheit vom Leiden. Erfahrungen von tiefem Leid sind Bestandteil unseres Lebens und können es auch bleiben. Es gilt, das ›Kreuz‹ unseres Lebens zu tragen und das Leid durch die Erfahrung unserer spirituellen Identität anzunehmen. Konkret besteht die christliche Herausforderung darin, im Blick auf das Leiden Jesu einen Umgang mit den Leiderfahrungen zu lernen, der uns nicht verhärten und um uns selbst kreisen lässt, sondern im Gegenteil unser Herz weitet, uns sensibler für das Leiden anderer macht und damit auch die Empathie und Liebe vertieft, die wir zu anderen Menschen haben. Indem diese Liebe immer umfassender unser Leben bestimmt, führt sie schließlich zu einer tiefen Bejahung aller Wirklichkeit.

Den Versuch zu wagen, sein Leben immer umfassender von der spirituellen Identität her zu verstehen und zu führen, zieht interessante Konsequenzen nach sich. Wenn wir wissen, dass unsere Sehnsucht auf eine innere Heimat zielt, dann werden wir unempfänglicher gegenüber den Versuchen der Werbe- und Marketingindustrie, uns glauben zu machen, unser Glück hinge an unserem Lifestyle und Konsumverhalten. Wenn wir uns nur mit den richtigen Produkten umgäben, dann zöge auch das Glück bei uns ein. Eine weitere Konsequenz ist, dass sich viele Ziele in unserem Leben relativieren. Weil sich unsere

Identität nicht daran festmacht, wie attraktiv oder erfolg-
reich wir sind, was wir uns alles leisten können, wie viel
Aufmerksamkeit und Anerkennung wir von anderen bekommen, verlieren diese Werte an Bedeutung. Wir wissen,
dass unser Glück nicht daran hängt, was andere von uns
denken, sondern daran, wie umfassend unsere Liebe ist.
Eine weitere Konsequenz betrifft die Ethik und Moral.
»Liebe und tu, was Du willst«, hat der bereits erwähnte
Theologe Augustinus vertreten, und in der Tat können
Ethik und Moral durch ein spirituelles Leben in weiten
Teilen überflüssig werden. Wie wir gesehen haben, könnte
man das Fortschreiten in der Meditation als einen Reini-
gungs- und auch Heilungsprozess beschreiben, der uns von
allen dunklen Motivationen befreit, die aus Verletzungen
und Angst um uns selbst entstehen. Aus dem Seelenfunken
heraus zu leben, bedeutet dann, sich immer umfassender
von der Liebe bestimmen zu lassen und damit natürlich
auch keinem anderen Menschen schaden zu wollen. Die
Entfaltung der Liebe in uns führt dann dazu, dass moralische Regeln, die andere Menschen oder eine Gesellschaft
aufstellen, für uns nicht mehr unmittelbar relevant sind,
dass wir keine Gebote mehr befolgen müssen – dadurch,
dass wir lieben, tun wir aus uns selbst heraus, was richtig
ist. Moral wird überflüssig.

Freilich mit Einschränkungen. Unsere Gesellschaft
und die Aufgaben, vor denen wir stehen, sind oft viel
zu komplex, als dass sie sich mit einer solchen Haltung
allein lösen ließen. Fragestellungen, wie beispielsweise
der deutsche Ethikrat sie behandelt, würden das Prinzip
überfordern. Aber in einer moralisierenden Kultur des
Umbruchs wie der unseren ist es gut zu wissen, dass man

sich von den vielen Appellen derer, die genau zu wissen meinen, was richtig und falsch ist, nicht ad hoc beeindrucken lassen muss.

Eine andere Konsequenz besteht darin, dass wir uns Menschen neu sehen und verstehen lernen. Nicht von unseren Begabungen und Fähigkeiten, von unseren Interessen und Vorlieben, sondern von unserer Sehnsucht her den Seelenfunken in uns zur Entfaltung zu bringen. Aber damit sind wir schon beim Thema des letzten Kapitels.

Liebe

KAPITEL 10

Umfassende Liebe erlangen

Mit der umfassenden Liebe allen Menschen gegenüber ist natürlich nicht gemeint, dass wir alles, was andere Menschen sagen und tun, vorbehaltlos akzeptieren oder hinnehmen. Wieder gilt, dass unser inneres Leben anderen Gesetzmäßigkeiten folgen sollte als das äußere. Im äußeren Leben kann es angemessen sein, anderen klare Grenzen zu setzen, mit ihnen in Konflikt zu treten und sie beispielsweise daran zu hindern, Gewalt und Unrecht fortzusetzen. Aber selbst wenn sie Lüge und Hass verbreiten und uns und anderen Unrecht tun, sollten wir ihnen nicht die Macht über uns geben, sie nicht lieben zu können. Denn damit stehen sie ja unserem eigenen Glück im Wege. Ein spirituelles Leben zu führen ist, das dürfte deutlich geworden sein, eine anspruchsvolle Möglichkeit, sich solch einer Haltung immer mehr anzunähern.

Aber was kann man an solchen Menschen, zu denen ja zweifelsfrei einige unserer Zeitgenossen gehören, noch wirklich lieben?

Diese Menschen zu lieben bedeutet zunächst, sich von
der Gewissheit bestimmen zu lassen, dass sich alle, also
auch diejenigen, die uns feindlich begegnen, nach Glück
und innerem Frieden sehnen. Dass sie, wie wir selbst,
einen existenziellen Mangel leiden, verletzt worden und
verletzlich sind. Dass auch in ihnen die Sehnsucht lebt,
lieben zu können. Und dass auch sie auf Liebe und Zuneigung angewiesen sind. Es ist der Seelenfunken, die
spirituelle Identität, die wir in jedem anderen Menschen
lieben und verehren können.

Diese Liebe bedeutet freilich nicht, alle Menschen
grundsympathisch zu finden und gern Zeit mit ihnen zu
verbringen. Diese Liebe ist auch kein starkes Gefühl, wie
wir es unseren Freunden, Partnerinnen oder Kindern gegenüber haben, sondern vielmehr eine Haltung. Eine Haltung des Respekts, des Wohlwollens und des Mitgefühls.
Eine Haltung, in der man den Menschen nicht bewertet
und schon gar nicht verurteilt. Wer um seine eigenen
Dämonen weiß, tut sich schwer, über andere Menschen
den Stab zu brechen – auch wenn wir ihre Taten vielleicht nicht gutheißen. Diese Haltung nehmen wir nicht
ein, weil wir es wollen oder sollen. Sie wächst auf dem
Weg der Spiritualität ganz von selbst. Sie ist die Frucht
unseres Übens.

Dass unsere Liebe einem Menschen ganz unabhängig von seinen Taten und Worten gelten kann, mag zwar
zunächst befremdlich klingen, findet sich aber ja auch
in unserer Alltagsvorstellung. Wir glauben, dass wir einen Menschen um seiner selbst willen lieben, und nicht
aufgrund bestimmter Fähigkeiten, Charakterzüge oder
Eigenschaften. Wenn wir wirklich lieben, dann bedin-

gungslos. Das ist jedenfalls die Liebe im Vollsinn. Und das erwarten wir ja doch auch von unserem Partner oder unseren Verwandten: Dass sie uns ihre Liebe nicht entziehen, wenn wir Fehler machen. Selbst wenn wir die, die uns lieben, verletzen, oder vielleicht im Alter senil und dement werden. Einen Menschen zu lieben kann nicht heißen, alles gut zu finden, was er sagt und tut. Aber was wir üben können ist, seine Sehnsucht zu lieben. Seine Sehnsucht danach, ein Mensch zu sein, der lieben kann. So verkümmert und verschüttet diese Sehnsucht in ihm auch sein mag und so verkrümmt und verworren die Wege auch sein mögen, dieser Sehnsucht Ausdruck zu verleihen. Es ist die Sehnsucht jedes Menschen danach, den Seelenfunken, von dem im letzten Kapitel die Rede war, in seinem Leben zur Entfaltung zu bringen.

Da gibt es den Vater, der nicht in der Lage ist, seine Liebe zu seinen Kindern angemessen auszudrücken. Er nimmt sie nicht in den Arm und hat auch keine Sprache, seiner Zuneigung Ausdruck zu verleihen. Stattdessen belohnt er großzügig, wenn seinen Kindern etwas gut gelungen ist, und zeigt seine Sorge um ihre Zukunft in Härte und Strenge, wenn ihnen etwas misslingt. Natürlich vermissen seine Kinder die Wärme und einen Zugang zu seinen Gefühlen, aber den hat ja nicht einmal er selbst. Sein Inneres ist zu verletzt, sein Seelenfunken glimmt nur noch unter der Asche seiner eigenen Verletztheit. Die Sehnsucht danach, seiner Liebe einen Ausdruck zu verleihen, zeigt sich im äußeren Leben in Formen, die für die Kinder nur schwer erträglich sind. Ihren Vater dennoch zu lieben bedeutet, in allen schrägen und verque-

ren Ausdrucksformen seine Liebe, seinen Stolz und seine
Fürsorge für die Kinder zu erkennen und zu erspüren.
Oder denken Sie an den ausgesprochen harten, aber
erfolgreichen Manager, der nach außen ein glattes, glanz-
volles, beneidetes Leben führt. Er hat es aufgegeben, seine
Sehnsucht nach Liebe, nach Zugehörigkeit und Verbundenheit in Freundschaften und guten Beziehungen zu anderen
Menschen zu suchen. Stattdessen jagt er Erfolg und öffent-
licher Anerkennung nach, so aussichtslos diese Jagd auch
sein mag. Denn wer meint, durch Anerkennung, Leistung
und Erfolg die Liebe zu bekommen, die sein unruhiges
Herz zur Ruhe kommen lässt, erliegt einem kolossalen
Irrtum. Die Menschen, die mit dem Mann zu tun haben,
bekommen seine Arroganz und Härte ständig zu spüren
und werden diese kaum lieben können. Aber hinter jeder
Arroganz verbirgt sich eine Unsicherheit und hinter vielen
harten Fassaden Not und Verletztheit. Und die können wir
lieben, ihr kann unser Mitgefühl gelten. Berichte davon,
dass Menschen, die um öffentlichen Erfolg und Anerkennung ringen, wenn diese ausbleiben keinen anderen Weg
mehr sehen, als sich das Leben zu nehmen, legen Zeugnis
davon ab, wie fragil ein solches, nach außen hin glänzen-
des Leben sein kann.

Menschen, die gewalttätig sind, die uns und andere
verletzen, die nicht bereit sind, sich zu ändern: Auch sie
kann man lieben, denn das, was man liebt, ist der Seelenfunken hinter aller Hoffnungslosigkeit und Resignation.
Und nicht nur meine eigene Erfahrung in der Begleitung
von Menschen, deren Sehnsucht verschüttet ist, zeigt:
Wenn man ihnen nur lang genug zuhört, die Gemeinschaft
nicht aufgibt, wenn man ihnen offen entgegentritt mit

einer Haltung, die nicht verurteilt, nicht bewertet, dann kann es sogar gelingen, dass sie selbst ihre ursprüngliche Sehnsucht wieder spüren und sich mehr und mehr von ihr bestimmen lassen.

Dass wir Menschen von ihren Verwundungen her verstehen können und aus dem Umgang mit den eigenen Verletzungen eine Quelle von Liebe, Zärtlichkeit und Kraft erwachsen kann, wird in meiner eigenen Tradition besonders eindrücklich in der biblischen Erzählung vom ungläubigen Thomas beschrieben. Sie spielt drei Tage nachdem Jesus von Nazareth am Kreuz gestorben ist. Seine Jünger wurden von Angst und Panik ergriffen und verbarrikadieren sich gemeinsam in einer Wohnung. Da tritt auf einmal der von den Toten auferstandene Jesus in ihre Mitte, spricht ihnen den Frieden zu, zeigt ihnen seine Wundmale, haucht sie an, und sie empfangen den Heiligen Geist. Thomas, einer der Jünger, ist nicht dabei, und als die anderen ihm erzählen, was passiert ist, glaubt er ihnen nicht. Wenn er nicht selbst seine Finger an die Wundmale und seine Hand an Jesu Seite legen könne, könne er ihnen nicht glauben.

Mich überrascht immer wieder, welch ungewöhnliches Verständnis von der Auferstehung, also einem Leben ganz erfüllt von der Gegenwart und Liebe Gottes, der Erzählung zu Grunde liegt. Eigentlich würde man ja doch annehmen, dass bei dem auferstandenen Christus keinerlei Wundmale mehr zu sehen sind. Dass die Verletzungen und Verwundungen, die er sich im Leben zugezogen hat, verschwunden sind. Aber so ist es nicht. Die Identität zwischen Jesus von Nazareth, mit dem Thomas durch die Lande gezogen ist und der gekreuzigt wurde, und dem auferstandenen Christus zeigt sich für Thomas daran, dass man die vernarbten Wunden noch sehen kann. Dass der auferstandene Christus den anderen Jüngern seine Wundmale gezeigt hat, ist ihm völlig einsichtig. Nur so kann es sein. Wenn die Verletzungen nicht mehr zu sehen wären, dann könnte es nicht der auferstandene Jesus sein. Das Ziel unseres Lebens kann es nicht sein, immer unverwundbarer zu werden. Der existenzielle Mangel gehört zu uns Menschen dazu. Aus ihm erwachsen nicht nur Empathie, Verständnis und Liebe, sondern vor allem auch unsere Sehnsucht, die in einem spirituellen Leben eine Antwort, eine innere Heimat findet. Um noch einmal eine biblische Erzählung zu bemühen: Wir Menschen sind zwar aus dem Paradies vertrieben, wir sind der Verbundenheit miteinander, der Einheit mit der Natur und Gott entrissen worden. Aber es gibt einen Weg zurück, und sein Ziel ist unsere spirituelle Identität, die Entzündung unseres Seelenfunkens, das Wachsen unseres Buddha-keims oder wie immer Sie es für sich ausdrücken möchten.

Die Erfahrung, dass etwas in uns wie von selbst zur Entfaltung drängt, das uns immer umfassender lieben lässt und unsere eigentliche Identität ausmacht, begründet auch die Hoffnung, dass der Tod nicht das Ende des Lebens ist. Die christliche Tradition fasst diese Hoffnung im Bild der Auferweckung oder Auferstehung. Andere religiöse Traditionen haben andere Bilder. Das bekannteste ist sicher das der Wiedergeburt, das mittlerweile auch immer mehr Christinnen und Christen plausibel vorkommt, selbst wenn sich keine biblischen Anhaltspunkte dafür finden und sie daher auch keine christliche Lehrmeinung ist. Die größte Herausforderung ist aber nicht, für uns selbst zu klären, welches Bild vom Leben nach dem Tod plausibler sein mag, sondern überhaupt aus der Überzeugung zu leben, dass unser Tod nur ein Durchgang zu einem anderen Leben ist. Der Grund für eine solche Hoffnung liegt in der spirituellen Erfahrung. Ohne die Erfahrung gibt es keine Gewissheit, schon bei Platon nicht. Es ist die eigene Erfahrung, dass wir mehr sind als unsere Persönlichkeit in all ihrer Größe und all ihrer Tragik. Das alles mag vergehen. Es ist die Erfahrung, dass etwas in uns lebt, das uns auf unserem spirituellen Weg wie von selbst weiterträgt und immer umfassender durchtränkt, die uns zu der Überzeugung führt, dass dieses Etwas auch mit dem Tod nicht sterben wird. In meiner eigenen christlichen Tradition ist es die Hoffnung auf eine ewige Geborgenheit bei Gott – eine Geborgenheit, die ich jetzt schon erfahre, da meine Sehnsucht eine Heimat gefunden hat.

DANKSAGUNG

M ein großer Dank gilt Prof. Karl Schlecht und der von ihm gegründeten Karl Schlecht Stiftung. Großzügig unterstützt durch die Stiftung können mein Kollege Johannes Lober und ich die erwähnten Kurse für junge Gründer, Startup-ler, Söhne und Töchter von Familienunternehmen und andere hochtalentierte junge Erwachsene geben, in denen die Vermittlung der Haltung eines ›contemplativus‹ bzw. einer ›contemplativa in actione‹, wie sie im siebten Kapitel dieses Buches beschrieben ist, im Mittelpunkt steht (www.führung-und-persönlichkeit.de). Mein Dank gebührt ferner denen, die eine erste Version des Buchmanuskripts gelesen und mir wichtige Hinweise gegeben haben: Peter Bordt, Bernhard Bürgler SJ, Johannes Herzgsell SJ, Johannes Lober, Alexander Löffler SJ und Michael Schneider danke ich besonders. Dass sich der Text so gut und flüssig liest, ist nicht mein Verdienst, sondern das meiner ebenso umsichtigen wie kritischen Lektorin Verena von Plüskow. Ihr und meiner Verlegerin Elisabeth Sandmann, die mich zu diesem Buch ermutigt hat, gilt mein tief empfundener Dank.

LITERATURHINWEISE

Die Überlegungen in diesem Buch sind über viele Jahre gereift. Die wichtigste Quelle sind neben meinen eigenen Erfahrungen mit Meditation und Meditationsbegleitung die vielen Gespräche, die ich mit Mitbrüdern aus dem Jesuitenorden geführt und mit denen ich gemeinsam Meditations- und Exerzitienkurse gegeben habe. Wer Lust bekommen hat, selbst das Meditieren zu lernen, aber erst einmal keinen Kurs besuchen möchte, dem kann ich aus christlicher Sicht von Franz Jalics SJ *Kontemplative Exerzitien* (Würzburg 2009) und aus buddhistischer Sicht Jack Kornfield *Meditation für Anfänger* (München 2005) empfehlen. Anspruchsvoller und für diejenigen, die schon Erfahrungen mit Meditation haben, aber weitergehen wollen, ist *Die befreiende Kraft der Aufmerksamkeit. Ein Training* (Berlin 2012) von B. Alan Wallace. Daniel Goleman und Richard Davidson haben *Altered Traits: Science Reveals How Meditation Changes Your Mind, Brain, and Body* (New York 2017) gemeinsam verfasst; das dicht geschriebene Buch gibt nicht nur einen Überblick über den Stand der Ergebnisse der kontemplativen Neurowissenschaften, sondern skizziert auch die wissenschaftshistorisch interessante Geschichte der Entstehung dieser Disziplin. Auf ihr Buch beziehe ich mich, wenn ich, wie im neunten Kapitel, Ergebnisse der

Neurowissenschaften referiere. Über das erwähnte Buch von Wallace hinaus habe ich für meine Interpretation des Buddhismus auch von Pema Chödröns Schriften, z.b. *Welcoming the Unwelcome* (Colorado 2019), viel profitiert. Zu der strittigen Frage, ob der Buddhismus eine Religion oder eine nicht-religiöse Weltanschauung ist: Wenn eine Religion, wie ich im vierten Kapitel zu zeigen versuche, an eine Lebensform und eine Lebensform an eine konkrete Kultur gebunden ist, dann sprechen die vielen Tempel und Kulte im asiatischen Raum klar für eine Religion, auch wenn sich die Vorstellungen von Gott und Göttern von denen anderer Religionen unterscheiden, weil dem Buddhismus jeder Dualismus und die Vorstellung einer jenseitigen Wirklichkeit fremd ist. Dass es vor allem im Westen einzelne Spielarten des Buddhismus gibt, die auf religiöse Bezüge weitgehend verzichten, und man Übungen, die in religiösen Formen des Buddhismus ihre Heimat haben, auch ohne diesen Bezug sinnvoll machen kann, spricht nicht dagegen, den Buddhismus ursprünglich als eine Religion anzusehen.

Für eine philosophische Deutung der Spiritualität und eine Einordnung der Meditationserfahrungen finde ich den Klassiker des Religionspsychologen und Philosophen William James *Die Vielfalt religiöser Erfahrungen* (Berlin 1997) besonders hilfreich. Sein Buch ist aus Vorlesungen hervorgegangen, die er 1901/2 an der Universität in Edinburgh gehalten hat. Wer sich für Ludwig Wittgensteins Überlegungen zur religiösen Erfahrung und zur Mystik interessiert, dem sei sein *Vortrag über Ethik* (herausgeben von Joachim Schulte, Frankfurt 1989) und das von Rush Rhees herausgegebene Buch *Ludwig Wittgenstein*.

Portraits und Gespräche (Frankfurt 1987) mit den ausführlichen Gesprächsnotizen des Psychiaters Maurice O'Connor Drury empfohlen. Platons *Symposion* gibt es in verschiedenen Übersetzungen. Die von Rudolf Rufener ist ein gelungener Kompromiss zwischen Wörtlichkeit und Lesbarkeit. Es gibt eine Forschungskontroverse, ob man bei dem von Aristophanes beschriebenen Urmenschen eher an einen Kugel- oder einen Radmenschen denken soll. Mich überzeugt, wie John Sinclair Morrison in *Four Notes on Plato's Symposium* [Classical Quarterly 14 (1964) 42-55] für die Radform argumentiert hat. In seiner Schrift *Über das Schöne* (I 6 [1]) knüpft Plotin an Platons Überlegungen im *Symposion* an. Wer sich für ihn interessiert, sei auf die Übersetzung von Christan Tornau hingewiesen, die in *Plotin. Ausgewählte Schriften* beim Reclamverlag (Stuttgart 2001) erschienen ist. Dag Hammerskjölds Tagebuchnotizen *Zeichen am Weg* findet man in einer sehr schön überarbeiteten Neuausgabe herausgegeben von Manuel Fröhlich (Stuttgart 2011). Für das vierte Kapitel habe ich von Kurt Wuchterls *Analyse und Kritik der religiösen Vernunft. Grundzüge einer paradigmenbezogenen Religionsphilosophie* (Bern und Stuttgart 1989) viel gelernt. Das Standardwerk zum im sechsten Kapitel beschriebenen Kurs zur Stressreduzierung ist von Jon Kabat-Zinn *Gesund durch Meditation* (München 2011). Das im siebten Kapitel erwähnte Buch von Chade-Meng Tan *Search Inside Yourself* (München 2012) beschreibt den erwähnten Google-Kurs; die erwähnte Episode rund um die Tonglen-Übung findet sich auf Seite 283. Die im achten Kapitel zitierte Tagebuchaufzeichnung von Erling Kagge können Sie in seinem *Gehen. Weitergehen. Eine Anleitung* (Berlin

2018) auf der Seite 128 nachlesen. Unter den Büchern von Martin Schleske empfehle ich Ihnen *Der Klang. Vom unerhörten Sinn des Lebens* (München 2010). Eine gute Einführung in Meister Eckhard hat Harald-Alexander Korp mit *Dem ruhigen Geist ist alles möglich. Mit Meister Eckhard lernen, im Hier und Jetzt zu sein* (Gütersloh 2019) geschrieben. Die in letzten Kapitel erwähnte Erzählung vom ungläubigen Thomas findet sich im Johannesevangelium 20, 19-29.

Michael Bordt SJ
Die Kunst, sich selbst zu verstehen
Den Weg ins eigene Leben finden
Ein philosophisches Plädoyer

14,5 x 21 cm · 200 Seiten
19,95 € [D]/20,60 € [A]
ISBN 978-3-945543-10-8

Michael Bordt SJ
Die Kunst, die Eltern zu enttäuschen
Vom Mut zum selbstbestimmten Leben

10,8 x 17,2 cm · 96 Seiten
10,00 € [D]/10,60 € [A]
ISBN 978-3-945543-39-9